LE
CHIEN DU CAPITAINE

TROP CURIEUX — LES ROSES DU DOCTEUR

LE MONT-SAINT-MICHEL

PARIS. — IMPRIMERIE ÉMILE MARTINET, RUE MIGNON, 2

LOUIS ÉNAULT

LE
CHIEN DU CAPITAINE

TROP CURIEUX — LES ROSES DU DOCTEUR

LE MONT-SAINT-MICHEL

NOUVELLES

Illustrées de 43 Vignettes dessinées sur bois

Par P. KAUFFMANN et E. RIOU

PARIS
LIBRAIRIE HACHETTE ET Cie
79, BOULEVARD SAINT-GERMAIN, 79
1880

Droits de propriété et de traduction réservés

A

Madame LAURENCE PLAUT

Madame,

Permettez-moi de vous offrir cette simple histoire, écrite à l'ombre hospitalière de vos grands arbres. J'ai voulu donner un exemple de la constance dans les sentiments et de la fidélité dans l'affection.... — et c'est parmi les bêtes que j'ai rencontré le héros de mon livre. Si c'est la faute des hommes, pardonnez-leur, madame, — et prenez mon chien.

LOUIS ÉNAULT.

Au Parc, Septembre 1879.

LE
CHIEN DU CAPITAINE

LE CHIEN DU CAPITAINE

I

« Où donc est Zéro ? demanda Jean Pigault à sa femme, lorsqu'il eut fini de manger sa soupe ; je suis si accoutumé à le voir ici quand nous dînons, que son absence me fait un vide.

— Je l'ai enfermé, » répondit, un peu sèchement peut-être, celle à qui cette question était adressée, et qui n'était autre que Mme Pigault elle-même, en son nom de jeune fille Mlle Lise Lehalleux, née d'un père cultivateur dans les environs de la jolie petite ville d'Honfleur, et mariée depuis environ six mois à un ancien capitaine au long cours, Jean Pigault, qui jouissait d'une honnête aisance, honorablement gagnée par son travail sur terre et sur mer.

« Eh ! pourquoi l'as-tu enfermé ? continua le mari.

— Parce que je le trouve insupportable pendant les repas ! c'est bien assez de l'avoir dans les jambes le reste de la journée. Arrangez-vous tous deux pour nous donner au moins cette heure de tranquillité. »

Mme Pigault parlait encore, quand Victoire, campagnarde haute en couleur et bien embouchée, bonne à tout faire du petit ménage, entra dans la salle à manger, à seule fin de remplacer le potage par une matelote normande.

Au moment où elle ouvrit la porte, et il fallait qu'elle fût assez grande pour livrer passage à son importante personne, un chien de taille moyenne, mais singulièrement vigoureux, se précipita dans la salle comme un ouragan, fit trois fois le tour de la pièce en courant comme un fou, érailla de ses griffes d'acier la couche de cire rouge soigneusement étendue sur des carreaux de pierre dure, frottés et reluisants, renversa une chaise, mit la patte dans une assiette oubliée par terre, et attira sur sa tête les imprécations et les colères d'un énorme perroquet rouge, jaune et vert, gravement perché sur le bord de sa mangeoire.

Les yeux de Mme Pigault eurent un éclair bleu qui les fit briller comme deux pointes d'acier. Zéro rencontra sans doute ce regard, car il s'arrêta au milieu de ses gambades, calmé comme par enchantement, et alla s'abriter derrière la chaise de son maître, craintif, rasé contre terre, se faisant petit, tremblant qu'on ne le renvoyât à son chenil.

« Tu ne me débarrasseras donc jamais de ce sot animal ? demanda Lise à son mari, de sa voix de tête la plus provocante.

— Il m'aime tant! répondit Jean Pigault avec beaucoup de douceur, que je te serai vraiment obligé de bien vouloir me le laisser.

— Il n'a pas affaire à un ingrat! répliqua l'irascible

créature, et s'il te fallait choisir entre lui et moi, je sais bien lequel de nous deux tu sacrifierais !

— Il ne m'en a jamais tant dit contre toi ! fit Jean Pigault, avec une naïveté qui n'était peut-être pas exempte d'un peu de malice. Mais, grâce à Dieu, je sais bien que tu ne te crois pas toi-même. Tu me connais; tu sais que j'ai une profonde affection pour toi… trop grande peut-être, et tu abuses de ma faiblesse.

Il renversa une chaise.

— En attendant, dit Mme Pigault, voilà cette horrible bête installée dans la salle à manger, c'est, je le sais, ce que vous vouliez tous deux ! »

Jean Pigault se leva, et, sans répondre à sa femme, il appela Zéro à voix basse.

Le chien comprit que, cette fois, toute résistance était inutile : il se leva et quitta sa place, — sa bonne place derrière son maître, où il était si bien, — et il le suivit.

« Viens, mon pauvre vieux, dit Jean Pigault, en le flattant de la main et de la voix, quand ils furent sortis tous deux de la salle à manger; tu sais bien que nous ne faisons plus ici ce que nous voulons ! Ce n'est pas comme autrefois, quand j'étais garçon ! »

Il enferma le chien dans une sorte de buanderie, attenant à la maison, et dont il était certain que personne n'irait ouvrir la porte pendant le dîner ; puis il rentra dans la salle, la tête basse, visiblement attristé, et, sans rien dire, il alla reprendre sa place.

Cependant la figure de Lise n'avait point l'aspect irrité que son mari avait paru craindre ; elle semblait, au contraire, adoucie par son triomphe, ce qui ne prouvait point une mauvaise nature. Mme Pigault, en ennemie généreuse, avait désarmé après la victoire. Il ne fut pas mal aisé de s'apercevoir que le mari fut heureux de ces dispositions nouvelles et plus clémentes. Il se dit sans doute qu'après tout, il serait bien insensé de laisser un chien troubler la paix de son ménage, et il regarda sa femme avec des yeux qui ne demandaient qu'à signer un traité de paix.

Mme Pigault était vive, mais elle n'était pas méchante ; fille d'honnêtes gens, honnête elle-même, elle aimait son mari : c'est le grand point, sans doute ; mais si elle l'aimait beaucoup, elle ne l'aimait pas toujours bien. Il y avait, en effet, dans son affection, un peu de légèreté, assez de caprice, et beaucoup de tyrannie. Bonne au fond, et avec des qualités plus solides qu'on n'eût peut-être été tenté de le croire au premier abord : telle qu'elle était, son mari l'adorait.

Jean Pigault formait avec Lise Lehalleux le contraste le plus frappant : c'est peut-être pour cela qu'ils s'étaient plu. Jean était le type du loup de mer : large d'épaules et de poitrine, le front bronzé par tous les soleils, l'œil bien ouvert, glauque comme les vagues qu'il avait si souvent regardées, les pommettes saillantes, la bouche large, mais avec une expression de franchise qui, tout de suite, vous prenait le cœur; la parole sonore et le rire éclatant. Sur terre, il écartait un peu les jambes en marchant, comme lorsqu'il voulait prendre ses aplombs sur le pont tremblant de son navire ; mais il pouvait porter un sac de blé de sa cave à son grenier sans que ses reins fléchissent.

Pas un fil d'argent dans sa chevelure épaisse et rude comme la crinière d'un lion; pas un poil grisonnant dans sa barbe taillée en éventail, à l'américaine. Il avait navigué assez heureusement, et, à quarante-cinq ans, il s'était retiré des affaires avec assez de bien pour vivre tranquille. Il rencontra Lise, la trouva de son goût à première vue, la demanda le lendemain, et, un mois après, vent arrière, toutes voiles dehors, il se lançait, le cap vers l'inconnu, sur cet océan de la vie conjugale, qui ne cache peut-être pas moins d'écueils que l'autre.

Ce fut, à tout prendre, un ménage heureux.

Zéro, le chien du capitaine, avait été jusque-là le seul point noir visible à leur horizon : mais ne suffit-il pas d'un *grain* pour contenir une tempête? — c'est du moins ce qu'assurent les marins.

Lise prétendait que Zéro lui faisait du tort dans l'affection de son mari. A force de le répéter, elle avait fini par le croire et par prendre en grippe ce malheureux chien, qui n'en pouvait mais, qui n'avait à se reprocher aucun tort envers elle, et qui, ne se sentant point aimé, — les bêtes ne se trompent jamais comme les hommes à ces choses-là, — avait sagement pris le parti de ne plus s'occuper de sa maîtresse. Il n'en était pas arrivé là du premier coup. Tout au contraire, dans les premiers temps, il avait essayé de la désarmer par ses regards soumis, et par mille marques de déférence et de respect. Il lui avait prodigué les attentions et les égards, à son arrivée dans la maison, où il était pourtant installé avant elle. Mais il avait bientôt compris qu'il ne parviendrait jamais à conquérir les bonnes grâces de cette personne difficile, et comme il avait sa dignité de chien, il se retira sous sa tente, je veux dire dans sa niche, et prit le parti de ne pas plus tenir compte du dédain de Madame que si elle n'avait jamais existé; de fait, elle n'exista plus pour lui.

Cette mésintelligence entre deux créatures qui lui étaient chères, bien qu'à des titres différents, n'avait pu échapper à Jean Pigault. Le brave capitaine en avait éprouvé une contrariété vive, car il aurait voulu voir la bonne harmonie régner toujours entre ceux qui vivaient auprès de lui, principalement entre sa femme et son chien. Ce n'était pas du côté du chien qu'était venue la résistance; Pigault le savait bien, et comme c'était une excellente nature, il avait essayé de réparer les torts de Lise, en aimant Zéro davantage. Cette visible recrudescence de tendresse, qui partait d'un bon cœur, mais qu'il eût fallu cacher, n'était pas faite pour ramener Lise à des sentiments meilleurs. Contre toute vraisemblance, et contre toute raison, elle prétendait que la part d'affection que l'on donnait au pauvre animal était prise sur la sienne, et son antipathie contre lui s'en accrut encore.

Zéro, cause involontaire de cette regrettable mésintelligence, ne semblait point au premier abord mériter la faveur de l'un des époux, ni justifier la crainte de l'autre. Comme beaucoup d'hommes de notre connaissance, il manquait absolument de prestige. La nature lui avait refusé les qualités extérieures. Il n'avait pas de brillant.

Il avait reçu en partage un grand cœur... mais ce cœur était mal logé... il n'avait même pas le type bien caractérisé d'une race : un peu long, bas sur jambes, la tête énorme, avec une moustache hérissée, et une sorte de toupet qui lui retombait sur les yeux, il avait du moins une physionomie originale, qui l'empêchait de ressembler à personne. Son poil n'était pas moins mêlé que son sang. Il était poivre et sel, comme la barbe d'un homme de cinquante-cinq ans ; tantôt lisse et tantôt frisé, ras sur les reins et les cuisses, avec une sorte de palatine plantée dans le cou et retombant sur les épaules, qui lui donnait je ne sais quel aspect léonin. Tout cela formait un ensemble probablement étrange, mais qui n'avait rien de flatteur. Il ne serait venu à personne l'idée qu'un pareil chien pût être compagnon préféré d'une jolie femme, et l'on comprenait bien qu'il eût déplu à Mme Pigault.

Et pourtant, si on l'avait bien connu! Jamais chez aucun être les défauts visibles n'avaient été rachetés par un tel ensemble des qualités internes, les plus précieuses et les plus rares. L'intelligence pétillait dans ses yeux pleins de malice et de ruse; il avait de l'esprit à en revendre à dix chiens; quant à son cœur, M. de Buffon, en manchettes de dentelle, en aurait fait l'éloge en pleine académie. L'affection qu'il portait à son maître avait tous les caractères d'un attachement passionné. Le capitaine Pigault ne l'avait ni acheté, ni reçu, ni élevé, ni trouvé. La façon dont il était tombé entre ses mains avait, au contraire, un certain côté romanesque.

Quelque temps avant son mariage, auquel, du reste, il ne pensait pas encore, le capitaine se promenait un soir sur la jetée de Honfleur, pour surveiller de loin l'entrée et la sortie des navires. Ces passe-temps sont chers aux marins retirés, à qui la terre ferme donne la nostalgie de la mer, quittée toujours trop tôt.

Son attention fut attirée tout à coup par les cris et les rires bruyants d'une douzaine de polissons, qui jetaient des pierres dans le fleuve, et qui poussaient des exclamations joyeuses quand leurs coups avaient porté.

Pigault savait que cet âge est sans pitié, comme a dit le poète : il soupçonna quelque forfait et s'approcha de la berge pour voir quelle était la victime de ces jeux cruels.

Bientôt, à quelque distance de la rive, il aperçut un pauvre chien, luttant avec peine contre le courant, très fort en cet endroit. Il aurait, cependant, fini par aborder, car il nageait bien et vigoureusement ; mais, chaque fois qu'il était sur le point de prendre terre, il se voyait impitoyablement repoussé par les cris, les menaces et les coups de ses féroces ennemis. Il était évident que ces jeunes drôles voulaient se donner le barbare plaisir d'assister à la noyade de la pauvre bête.

Ils ne paraissaient pas devoir attendre cette joie bien longtemps, car l'animal, vaincu par la fatigue, découragé peut-être par les indignes procédés auxquels il était en butte, s'épuisait en stériles efforts, et le moment n'était pas loin où il allait succomber.

Une généreuse colère et une douce compassion remplirent l'âme du capitaine.

« Tas de gamins ! s'écria-t-il, si vous ne tournez immédiatement les talons, je vous jette à l'eau, à la place de ce malheureux chien, dont vous ne valez pas les quatre fers ! »

Un geste énergique étant venu appuyer cette parole, la

L'animal s'épuisait en stériles efforts.

troupe barbare se dispersa, sans demander son reste, comme une bande de moineaux effarouchés.

Le chien vit bien qu'on lui laissait le champ libre, et il comprit que ce nouveau venu était pour lui un sauveur. Ce secours moral lui rendit des forces : il nagea avec une ardeur nouvelle, et, malgré le courant, il réussit à gagner le bord.

Ce fut à ce moment qu'il donna au capitaine la première preuve d'une intelligence dont celui-ci devait être si souvent frappé par la suite. Il avait sans doute entendu dire dans le monde que rien n'était plus désagréable que le voisinage d'un chien mouillé qui se secoue. Aussi, au lieu d'aller tout de suite offrir ses remerciements à son sauveur, il commença par aller faire un bout de toilette à quelque distance, et Dieu sait s'il en avait besoin ! Ce fut seulement alors que, timidement, comme quelqu'un qui a eu des malheurs, et que sa mauvaise fortune condamne à se défier des autres, et plus encore de lui-même, il revint à pas lents vers le marin.

Comme s'il n'eût pas osé davantage, il s'arrêta discrètement à quelques pas du capitaine, battant la terre de sa queue longue et fournie, et fixant sur lui un regard vif et brillant, qui exprimait tous ses sentiments avec plus d'éloquence que n'auraient pu le faire les discours les plus pompeux écrits en style fleuri.

Pigault comprit ce muet langage, et il en fut aussi touché que des démonstrations les plus bruyantes, — peut-être même davantage. Aussi, d'une voix caressante, et avec cette bonne physionomie, à l'expression de laquelle un chien ne se trompe jamais, faisant de la main un appel sur sa cuisse :

« Allons! viens ici, mon pauvre vieux, lui dit-il, que nous fassions un peu connaissance, toi et moi! »

Le chien comprit, car il se rapprocha encore; mais pas à pas, peu à peu, avec une crainte visible, et il s'arrêta de nouveau à quelque distance, regardant toujours l'homme avec ses grands yeux fixes, qui demandaient grâce et pitié.

« Que le pauvre diable a dû souffrir pour montrer tant de peur à quelqu'un qui ne lui veut pas de mal! se dit le brave Jean Pigault, dont l'âme était vraiment compatissante et bonne. A-t-il le flanc creux! Je crois qu'il y a longtemps qu'il n'a mangé. Allons! viens, bonhomme! ajouta-t-il avec son large rire, je veux faire un heureux aujourd'hui. Je vais t'offrir à souper!... as-tu déjeuné, seulement! »

Le capitaine était homme d'action, et ne payait de mots ni les autres ni lui-même. Il alla droit au chien, et, bien qu'il fût encore ruisselant d'eau et souillé de vase, il le caressa doucement, en lui adressant de bonnes paroles que celui-ci paraissait comprendre.

« Tu n'es pas beau! lui disait-il; mais tu n'as pas l'air méchant non plus! Il y aura peut-être moyen de nous entendre, toi et moi... tu remplaceras mon pauvre Black, dont la niche est encore vide... Allons! viens maintenant! il est sept heures : nous trouverons la nappe mise, et la soupe sur la table. Mais Jeanneton ne veut pas qu'on la fasse attendre, je t'en préviens! »

Le chien resta quelques instants immobile à la même place, comme s'il eût réfléchi et délibéré en lui-même. Mais bientôt, jugeant sans doute sa dette suffisamment payée, il parut prendre un grand parti, fit demi-tour à gauche, et retournant vers la berge, il fixa obstinément ses yeux vers le large, du côté de l'ouest, où l'on voyait disparaître, et, pour ainsi parler, s'évanouir la silhouette pâlissante d'un navire de fort tonnage, qui, ses toiles dehors, cinglait vers la haute mer.

« Ingrat! murmura Jean Pigault! je voulais ton bonheur... mais si tu crois que je vais le faire de force... non, par exemple! tu n'es pas assez beau pour que je te loge, te nourrisse, te blanchisse, — tu en as bien besoin, — et t'entretienne malgré toi!... Bonsoir la compagnie! tu me dois un beau cierge! va le brûler, si tu veux, à Notre-Dame-de-Grâce. Tu ne m'y trouveras point! »

Et se mettant à chantonner, d'une jolie voix de baryton, juste et bien timbrée, une romance jadis chère aux marins de toutes nos côtes :

> ...Adieu, mon beau navire,
> Aux grands mâts pavoisés,
> Je te quitte, et puis dire :
> Mes beaux jours sont passés!

le capitaine enfonça ses deux mains jusqu'aux coudes dans les poches profondes d'un pantalon de gros drap bleu, large comme les braies des Gaulois nos pères, tourna les talons, haussa les épaules, et reprit le chemin de sa maison.

II

« Bonsoir, capitaine ! Vous causiez donc avec Zéro ; qu'est-ce que vous pouviez bien lui dire ? il ne parle que hollandais ! demanda à Jean Pigault le vieux quartier-maître, Michel Yver, chargé de l'entretien du petit phare qui guide les pilotes, à l'entrée d'un port toujours difficile.

— Ah ! dit le capitaine, le particulier s'appelle Zéro ? je suis bien aise de le savoir, et je trouve que c'est tout juste ce qu'il vaut. Je ne lui fais pas compliment de sa politesse ! Je le tire des mains d'une bande de vauriens qui allaient le noyer, je l'invite à souper, et il ne me fait pas l'honneur d'accepter... Il ne me répond même pas !... ajouta le capitaine en riant.

— Ah ! pour ce qui est de cela, j'avoue qu'il est dans son tort, et que je n'aurais pas fait comme lui ! dit Michel Yver ; mais que voulez-vous ? c'est fidèle en diable ; ça ne connaît que son maître !

— Et ce maître, quel est-il ?

- Un pas grand'chose ! un certain Norkind Van der

Tromp, maître timonier à bord de la *Reine-Sophie*, gros lougre hollandais qui est venu prendre ici un chargement de pommes qu'on lui a envoyées du pays de Caux. Entre nous, ce Norkind est un rien du tout... pas sot, mais toujours gris, à terre du moins ; je ne sais pas comment il se comporte à la mer ! Il passe pour donner à son chien plus de coups de bâton que de morceaux de sucre... Mais, que voulez-vous ? le pauvre imbécile l'aime tout de même ! Faut le voir emboîter le pas derrière l'autre : il marche dans ses semelles ! Il ne paye pas de mine, si vous voulez ; mais jamais une bête n'a eu plus d'esprit ! Il a plus de tours qu'un sorcier dans son sac. Il fait tout ce qu'on lui commande, et même davantage... Il ne lui manque que la parole, et encore elle ne lui manque guère. Il est sûr et certain qu'il comprend le hollandais, et le flamand aussi ! car il ne se trompait jamais quand cet escogriffe de Norkind lui commandait quelque chose. Il est bien connu sur le port, allez ! Mais il a encore plus de cœur que d'esprit... Il ne connaît au monde que son maître !... et il se jetterait au feu... et à l'eau pour lui...

— On n'en fait plus sur ce gabarit ! dit Jean Pigault, avec un gros rire, et je connais bien des gens qui ne le valent pas !

— Je le crois parbleu bien ! Mais regardez donc, capitaine ! qu'est-ce qu'il peut avoir à courir ainsi comme un affolé sur la berge ? »

Jean Pigault se retourna, et il aperçut Zéro qui allait et venait le long du fleuve, s'arrêtant de temps à autre, pour regarder du côté de la mer, en poussant des hurlements désespérés, puis recommençant sa course insensée, et s'arrêtant de nouveau, comme s'il n'eût pu prendre, une fois pour toutes, une résolution définitive...

Enfin, après deux ou trois minutes de délibération avec lui-même, Zéro décida sans doute quelque chose, car il prit son élan, et, d'un bond vigoureux, se précipita dans la Seine, et nagea résolument vers le large.

« Je t'en souhaite ! dit l'invalide avec un geste insouciant ; si tu crois qu'avec tes pattes tu vas rejoindre la *Reine-Sophie*, qui marche vent arrière, qui file ses douze nœuds, du train dont elle va, et qui a deux lieues d'avance sur toi !... tu te trompes, mon vieux ! Tu vas boire un coup avant cinq minutes d'ici, ou je t'attache le reste de tes jours avec des saucisses ! Mais voyez donc, capitaine, ce satané courant l'entraîne du côté du Havre : quand il voudrait revenir, il ne pourrait déjà plus !... C'est comme ça que les deux frères Langlois se sont noyés le 10 du mois passé... N'importe ! c'est tout de même mal à Norkind de n'avoir pas voulu l'emmener... et c'est bien bête au toutou de risquer sa peau pour un ivrogne qui ne le mérite guère... Ah! tenez, le voilà qui coule !... Non ! il nage encore... Quels coups de reins !... Ah ! c'est fini ! voilà qu'il tourbillonne... Non ! il reparaît ! a-t-il la vie dure ! Vrai, tout de même, ça me fait encore quelque chose, et je donnerais bien quatre sous de ma poche pour pouvoir jeter une corde à cette pauvre bête... Il est si malin, ce Zéro, qu'il en happerait le bout et reviendrait à terre certainement !

— Tonnerre de Brest ! je ne veux pas qu'il meure, ce satané chien !... dit le capitaine avec un juron énergique, que le bon Dieu lui pardonnera, parce qu'il échappait à l'indignation d'un cœur chaud et généreux. J'ai sauvé des hommes qui ne lui allaient pas à la cheville... je le sauverai aussi, nom d'une pipe ! ou nous boirons le dernier coup ensemble... à votre santé, Michel Yver ! »

Plus prompt que la parole, avec une agilité que l'on ne se serait peut-être pas attendu à rencontrer chez un homme de son âge et de sa carrure, Jean Pigault sauta dans une barque, et maniant l'aviron avec la vigueur et l'habileté d'un rameur sans pareil, il gagna de vitesse sur le chien en détresse, le dépassa de cinq ou six brasses, revint sur lui en se laissant porter par le courant, et, au moment où Zéro allait disparaître pour la troisième, et probablement pour la dernière fois, il le saisit par la peau du cou, l'enleva à la force du poignet, et le jeta au fond de la barque, où le malheureux chien resta un moment immobile, couché sur le flanc, et rendant par la bouche et les narines les torrents d'eau qu'il avait avalés.

Cet exploit une fois accompli, et plus vite que nous ne l'avons raconté, le capitaine fit aisément virer sa légère embarcation, et aborda en quelques coups de rames. Yver, qui l'attendait, se chargea d'amarrer la barque, et Jean Pigault, compatissant jusqu'au bout, souleva le chien encore tout étourdi, et le déposa doucement, avec toutes sortes de précautions, sur la rive, comme il eût fait d'un noyé sauvé par lui.

Zéro avait du tempérament, et une certaine énergie de caractère. Aussitôt qu'il se vit de nouveau sur la terre ferme, il se sentit un autre homme, — c'est un autre chien que je voulais dire. Il se fit en lui comme une révolution soudaine, complète et inattendue. La conduite de son maître se présenta à son esprit sous son véritable jour; il comprit qu'un particulier qui l'avait abandonné volontairement ne valait vraiment pas qu'il s'exposât une troisième fois à la mort pour lui... d'autant plus que ce sacrifice serait complètement inutile, car il voyait bien maintenant qu'il ne parviendrait jamais à rejoindre la *Reine-Sophie*, alors qu'elle courait vent arrière. Il s'assit donc sur son séant, mélancolique et rêveur, dans l'attitude qu'un peintre pourrait donner à un chien philosophe, qui connaît trop les hommes pour attendre rien d'eux, et qui a déjà trop d'expérience pour espérer quoi que ce soit de la vie et de la destinée. Il devait sans doute beaucoup de reconnaissance au généreux inconnu qui venait de le sauver avec tant de dévouement; mais celui-là même

Il le saisit par la peau du cou.

croyait sans doute avoir déjà fait assez pour lui, et il devait être résolu maintenant à l'abandonner à son malheureux sort. Il n'allait donc plus être qu'un chien errant sur la terre étrangère, un vagabond en rupture de ban, sans papiers, sans asile et sans pain, n'ayant plus ni feu ni lieu, avec la perspective de coucher et de souper à cette auberge de la Belle-Étoile qui n'est guère meilleure pour l'espèce canine que pour l'espèce humaine. Ces réflexions pénibles mais justes lui mettaient nécessairement du vague dans l'âme, et ses impressions découragées se peignaient avec une énergie singulière dans sa contenance douloureuse et sur sa physionomie expressive. Il avait surtout une façon d'allonger la lèvre inférieure qui ne permettait pas de douter de l'amer découragement dont son cœur de chien devait être en ce moment rempli.

Jean Pigault le regardait avec une attention et un intérêt dont lui-même s'étonnait, mais dont il n'eût pu se défendre. On eût dit qu'il devinait tout ce qui se passait dans l'âme de Zéro, et qu'il se rendait compte de ses plus intimes pensées.

« Voici, se dit-il en manière de réflexion, un animal qui n'est pas le chien de tout le monde. Cela serait drôle s'il pouvait écrire, ou seulement raconter tout ce qu'il pense... Mais voilà sept heures et demie qui sonnent à Notre-Dame : il va me faire manger ma soupe froide... et Jeanneton va bien me recevoir !... pourtant je ne puis pas le laisser là, ce pauvre diable, qui me fait l'effet de n'avoir plus que moi au monde ! »

En achevant ces mots, le capitaine se tourna vers le chien, toujours immobile à la même place, toujours plongé dans ses réflexions, et s'adressant à lui, comme s'il eût été capable de le comprendre :

« Allons ! mon garçon, lui dit-il, tu dois bien voir que tout est fini avec l'autre. N'y pense donc plus, et suis-moi ! »

Et, comme s'il eût voulu appuyer cette injonction par une démonstration plus efficace, Jean Pigault passa son mouchoir dans le collier de Zéro, qui, cette fois, se laissa emmener sans résistance.

La Côte de Grâce, au pied de laquelle Honfleur est bâti, est certainement un des sites les plus charmants de ces beaux rivages de Normandie, qui, à chaque détour des routes capricieuses, nous montrent des paysages faits à

Zéro se laissa emmener.

souhait pour le plaisir des yeux. Nulle part horizon plus large ne s'offre à nous sous des aspects plus grandioses ; nulle part la végétation n'étale avec plus d'orgueil et de splendeur les magnificences de sa sève plantureuse.

Né tout près de là, à Villerville, d'une race de marins, Jean Pigault, dans ses voyages lointains, avait toujours emporté au fond de l'âme l'image de ce coin de terre où s'était passée son enfance. Nulle part il n'avait rien vu qui effaçât chez lui ce radieux souvenir. Tout lui avait paru moins beau que ce pli du rivage où il avait ouvert pour la première fois les yeux à la lumière. Aussi s'était-il toujours dit que, plus tard, si, à force de travail et d'économie, il parvenait à cette précieuse aisance que l'on appelait autrefois la *médiocrité dorée*, et qui est le but si légitime de tous ceux dont la vie est un long effort et un rude labeur, ce serait là qu'il viendrait abriter ses derniers automnes.

Il avait eu le bonheur si rare de voir son vœu s'accomplir. A mi-chemin de cette montée un peu âpre, qui commence aux dernières maisons d'Honfleur, et qui aboutit au plateau même où s'élève cette chapelle de la Vierge, but sacré de tant de pèlerinages, et toute remplie des offrandes des matelots reconnaissants, sauvés du naufrage par celle qu'ils implorent comme l'Étoile de la Mer, — « *Ave, maris stella*, comme chante le pieux cantique — il avait eu la bonne fortune de trouver une maison que l'on pouvait regarder comme la demeure idéale d'un sage et d'un marin. Elle était petite, mais commode. La cour d'un côté, le jardin de l'autre ; ici la campagne souriante, et, plus loin, la Seine, large comme un beau lac, avec le Havre et les coteaux d'Ingouville et de Sainte-Adresse, comme fond de tableau, et sur la gauche, immense et infinie, toujours nouvelle, et toujours la même, la vaste mer! la mer sans laquelle ne peut plus vivre celui qui a passé sa main d'enfant dans la crinière éparpillée de la vague, et qui, plus tard, homme fait, dans la plénitude de sa force, s'est senti, pendant de longues années, bercé dans le calme, ou ballotté dans la tempête, sur le sein large et puissant de l'Océan !

Jean Pigault en était encore à la lune de miel de sa vie de propriétaire et de rentier. Il était depuis six mois seulement dans la *Villa des Roches-Blanches* (ainsi s'appelait sa maisonnette), écussonnant ses rosiers, cueillant ses fraises, arrosant ses laitues, et lisant le *Messager du Havre;* servi, choyé et dorloté par son unique servante, Jeanneton, dont le plus grand mérite était de savoir faire la matelote normande et d'avoir pour son maître un profond attachement.

« Ah ! monsieur, comme vous rentrez tard ! dit la brave fille, en ouvrant la porte au capitaine; huit heures moins dix !... J'ai été obligée de remettre la soupe sur le feu, une soupe à la crème ! si elle est tournée, ça sera votre faute et pas la mienne...

— C'est entendu, dit Jean Pigault ; s'il y a des avaries, je les prends pour mon compte ! mais servez vite... J'ai couru des bordées, et, tel que me voilà, je meurs de faim !...

— Eh ! bon Dieu ! continua Jeanneton, en se penchant de côté, qu'est-ce que vous traînez donc comme cela derrière vous ?...

— C'est un ami que j'ai invité à souper ! dit le capitaine, avec un rire que l'on entendit dans toute la maison; mais pare à virer ! car vous me faites rester là sur le seuil de la porte, et j'ai vent arrière que j'en grelotte. »

Jeanneton s'effaça, et le capitaine entra, suivi de Zéro.

« Eh ben! vrai ! il n'est pas beau, votre invité ! dit la

bonne, qui avait son franc parler avec tout le monde et avec son maître.

— C'est possible! mais vous verrez qu'il est bon! En tout cas, pour sa bienvenue, vous allez lui faire une bonne pâtée.

— M'est avis qu'il en a besoin! » dit Jeanneton en regardant le chien, piteux, mouillé, crotté, efflanqué.

Mais comme, au fond, ce n'était pas une mauvaise créature, la souffrance éveillait toujours la compassion chez elle : son premier mouvement la portait au secours de toutes les misères comme de toutes les douleurs. Elle prépara donc un confortable et copieux repas pour le nouveau venu.

Zéro soupa ce soir-là comme il n'avait pas soupé depuis longtemps. La maison lui parut bonne, et ce fut seulement pour la forme qu'on lui passa une chaîne au cou, en le conduisant à sa niche. Il n'avait pas envie d'abandonner de sitôt ce toit hospitalier.

Que se passa-t-il alors dans cette tête de chien, à laquelle ne manquaient certes ni la lumière de l'intelligence, ni la chaleur du sentiment? C'est, en vérité, ce que personne n'aurait pu dire avec une certitude absolue, car Zéro, discret par nature, et plus réservé encore depuis qu'il avait eu des malheurs, ne fit de confidences à personne. Il est cependant permis de croire qu'il finit par se dire qu'entre un maître qui l'avait abandonné et un autre qui l'avait sauvé, qui le soignait, qui le nourrissait, qui le caressait et qui l'aimait, son choix ne pouvait pas être douteux. Il reporta donc sur le capitaine toute l'affection qu'il avait eue jadis pour le matelot, et ce n'est pas peu dire! Ce fut une vie toute nouvelle qui commença pour lui. Il se donna entièrement à Jean Pigault, comme serviteur et comme ami. Tous les moyens lui furent bons pour témoigner sa tendresse et son dévouement au propriétaire de la Villa des Roches-Blanches, qui était aussi le sien. Il vivait avec lui, ne le quittant pas d'une seconde, les yeux dans ses yeux, épiant ses pensées, et s'efforçant de deviner ses désirs, pour les satisfaire. Il l'accompagnait dans toutes ses promenades, le suivait partout, et dormait sur un tapis au pied de son lit. Il n'y avait pas dans toute l'Europe un homme mieux gardé que notre capitaine. Saint Roch et son chien, si célèbres dans la légende dorée, ne formèrent point une paire d'amis plus inséparables.

Mais Zéro ne bornait pas là ses attentions et ses soins : il ne négligeait rien pour faire preuve de sa bonne volonté et de son vif désir de se rendre utile et agréable. Il rapportait au logis les mouchoirs de poche que l'insouciant capitaine semait un peu à droite et à gauche, dans la cour et dans le jardin ; il veillait à ce que la porte extérieure fût toujours fermée, et il déployait une véritable habileté dans la façon ingénieuse dont il soulevait la clanche pour la laisser retomber ensuite dans la gâchette ; il apprenait la politesse aux petits drôles qui se permettaient de parler à son maître sans se découvrir devant lui. Il leur mettait résolument une patte sur chaque épaule, et avec douceur, mais avec fermeté, leur donnait une leçon de savoir-vivre en cueillant délicatement une casquette obstinée sur une tête mal apprise.

Ce n'étaient point là, du reste, ses seules attentions. Il avait remarqué l'empressement avec lequel le capitaine lisait, chaque matin, le *Messager du Havre*, qui le mettait au courant de toutes les affaires maritimes de l'Europe et de l'Amérique. Eh bien ! pour lui donner quelques minutes plus tôt la joie de cette lecture favorite, Zéro allait attendre le facteur au bas de la Côte de Grâce, recevait de ses mains le précieux journal, et le rapportait au logis, en arpentant la route aussi vite que ses jambes pouvaient le porter.

Jean Pigault, qui n'avait jamais été tant gâté, trouvait qu'il était bon d'être aimé ainsi, même par un chien, et, très reconnaissant et très touché des preuves sans fin de cette affection sans bornes, il aimait lui-même chaque jour davantage ce serviteur, ce compagnon, cet ami!

Ce fut pour Zéro une période d'existence vraiment idéale. Il n'avait jamais désiré, jamais rêvé un bonheur plus complet que celui-là. Mais hélas! un proverbe cruel l'a dit:

« Ce qui est beau est de courte durée! »

Ceci est vrai, paraît-il, pour les chiens comme pour les hommes.

Le capitaine se maria et, nécessairement, Zéro n'occupa plus la première place dans la *Villa des Roches-Blanches*, ni dans le cœur de son maître.

III

La nouvelle mariée aimait les chats et n'aimait pas les chiens!

Si du moins le chien du capitaine eût eu pour lui l'élégance ou la beauté, il aurait peut-être conquis, sinon mérité, ses faveurs. Mais il n'en était point ainsi. Le malheureux Zéro n'avait pour lui ni la forme ni la couleur. Il n'avait que ses qualités intimes, que l'on ne voyait point tout d'abord : son cœur chaud et loyal, et son intelligence souple et déliée. Ce n'était pas assez pour faire la conquête de sa nouvelle maîtresse. Le pauvre chien avait trop de sagacité pour ne pas se rendre un compte exact de la situation.

Zéro n'était pas un chien couchant : il tenait le milieu entre un caniche plein de dignité et un barbet très susceptible. Quand une fois il fut bien certain de n'être point apprécié à sa juste valeur par la nouvelle Mme Pigault, pour laquelle cependant il n'eût pas demandé mieux que de faire des frais, car il était naturellement galant, il se fit un point d'honneur de ne pas s'imposer; il attendit qu'il plût à cette belle dédaigneuse de revenir à des sentiments meilleurs et plus justes.

On conviendra qu'il eût été difficile à un chien de tenir une conduite plus irréprochable, et je crois que bien des gens ayant reçu une éducation plus brillante que Zéro ne se seraient point tirés plus habilement d'une position si délicate. Cet étonnant personnage donna même une preuve de tact plus surprenante encore. Tout en conservant pour son maître la même affection, et il sentait bien que cette affection ne finirait qu'avec sa vie, il mit beaucoup plus de réserve et de discrétion dans l'expression de sa tendresse. Il s'était montré jusqu'ici expansif à l'excès, comme on l'est naturellement dans le tête-à-tête avec un être aimé, quand on n'a rien à craindre de personne. Tous les prétextes lui paraissaient alors bons pour témoigner ses vrais sentiments à celui qui en était l'objet. Mais à présent, comme s'il eût compris qu'il y avait là quelqu'un qui avait le droit d'être jaloux, il sut se contraindre et mettre une sourdine à son cœur. Il est vrai que, lorsqu'il avait le bonheur de se retrouver seul avec son maître, il prenait sa revanche de la longue contrainte qu'il s'était imposée, et qu'il retrouvait bien vite la fougue, les ardeurs et les transports d'autrefois.

Ces délicatesses n'échappaient point à celui qui en était l'objet: il en devinait tout le mérite, et il en était profondément touché. Il caressait alors le pauvre animal avec une tendresse qui donnait à celui-ci du bonheur pour le reste de la journée.

« Vraiment, se disait-il alors, si ma femme aimait mon chien, tous les capitaines en retraite envieraient mon sort, et moi, ne demandant plus rien au Ciel, je vivrais entre ces deux êtres sans plus me soucier du reste du monde que de la coque d'un vieux bateau ! »

Mais Lise n'aimait pas Zéro : c'était un fait sur lequel il n'était pas permis de se faire la moindre illusion, et l'homme ne s'y trompait pas plus que la bête.

L'impartialité nous oblige de reconnaître que Zéro ne faisait rien pour ramener à lui son ennemie. Si, dans les premiers temps du séjour de Mme Pigault à la *Villa des Roches-Blanches*, il s'était montré disposé à faire toutes les concessions imaginables pour vivre en bonne intelligence avec elle, quand il vit ses avances repoussées, il prit le parti de la traiter comme une étrangère, et il ne parut même plus s'apercevoir de sa présence.

A ce moment difficile de son existence, Zéro, qui était un peu porté sur sa bouche, — chacun a ses défauts, et celui-ci était peut-être pardonnable chez un chien qui se voyait tout à coup à une bonne table après avoir longtemps jeûné, — Zéro, disons-nous, eut le malheur d'être exposé à une tentation, et d'y succomber. Cette faute devait être pour lui la source de bien cruelles infortunes.

Mme Pigault, un peu friande, avait l'habitude de déjeuner d'une couple d'œufs frais, que deux poules de Crèvecœur lui pondaient chaque matin avec cette exactitude qui est la politesse des poules.

Or il arriva qu'un jour Jeanneton, distraite ou maladroite, laissa tomber un de ces œufs sans pareils en traversant la cour. Inutile de dire que sa coque fragile se brisa aisément sur le pavé. Ce ne fut pas un œuf perdu pour tout le monde, car Zéro, qui flânait dans les environs, flaira une bonne aubaine, et, en deux coups de langue, vous lapa promptement, sans mouillettes, et le jaune et le blanc. Le festin de Mme Pigault fut réduit de cinquante pour cent; Jeanneton confessa sa faute. Péché avoué, péché pardonné : on n'en parla plus. Lise était bonne princesse. Mais le régal s'était trouvé du goût de notre héros. Le lendemain, il n'eût pas demandé mieux que de se mettre en appétit avec ce fin morceau : l'œuf frais lui agréait beaucoup plus que le verre d'absinthe ou de vermout, cher aux estomacs paresseux. Il vint donc faire le quart, à l'heure précise où, la veille, Jeanneton avait laissé choir la moitié du déjeuner de sa maîtresse. Il comptait sans doute que le même accident lui vaudrait le même bonheur. Mais tous les jours ne sont pas jours de fête. Jeanneton, ce matin-là, ne fit point d'omelette dans la cour, et Zéro en fut pour ses frais de convoitise. Il n'osa point réclamer. Jeanneton eût été capable de lui rire au nez.

Mais, comme il était profondément observateur, ainsi, du reste, que doit l'être tout chien qui veut faire son chemin dans le monde, il épia fort attentivement les allées et venues de la bonne, et il ne tarda point à s'apercevoir que, chaque fois qu'elle rapportait les œufs à la maison, elle sortait d'un certain cellier où les poules, qu'on laissait toujours en liberté, avaient l'habitude de pondre dans de petites hottes garnies de foin, au milieu des barriques et des tonneaux. Profitant d'un moment où on ne le regardait pas, notre brigand en herbe y entra, sournoisement, après elle, mais trop tard! la cueillette était déjà faite; il trouva les nids chauds, mais vides!

Il en fut fort désappointé sans doute, mais pas découragé le moins du monde. Quoiqu'il n'eût pas fait sa philosophie, il n'en avait pas moins un véritable talent d'argumentation, et il savait tirer des prémisses les conséquences qu'elles contiennent. Il se dit que, puisqu'il ne trouvait plus d'œufs au cellier quand Jeanneton y allait avant lui, ce serait elle, au contraire, qui n'en trouverait point s'il y allait avant elle.

Quand un chien est aussi fort en logique, on peut dire

Zéro flairait une bonne aubaine.

qu'il est déjà sur la pente du crime; le moindre choc peut l'y faire rouler.

Bien qu'il eût navigué assez longtemps, Zéro ne savait pas voir l'heure au soleil, et, ne pouvant se procurer un chronomètre chez l'horloger de la marine, il dédaignait les simples montres. Mais il avait des moyens à lui de se rendre compte du temps; moyens sûrs, qui lui permettaient de n'être jamais en retard. Aussi, le lendemain, devança-t-il de cinq bonnes minutes la visite de Jeanneton au cellier. Ce fut lui, ce jour-là, qui arriva bon premier. Il n'eut pas de peine à trouver le nid, ou, pour mieux dire, les nids, car il y en avait deux, qui n'étaient autre chose, nous l'avons déjà dit, que deux petites hottes d'osier, tapissées d'un foin moelleux et doux, sur lequel chaque matin nos cocottes étaient assez à l'aise pour déposer, après une attente plus ou moins longue, le déjeuner de leur maîtresse.

Zéro touchait donc le but! mais, à ce moment, il lui arriva ce qui arrive souvent, dit-on, au malheureux qui va commettre son premier crime. Il eut, par avance, le remords du mal qu'il allait faire. Sa conscience lui cria, comme jadis celle de César, au moment où le futur maître de Rome allait franchir le Rubicon :

« Un pas de plus serait un crime! »

L'idée du châtiment, sous la forme d'un fouet redoutable, au bout d'un bras terrible, se présenta avec tant de force à son esprit qu'il en fut vivement impressionné. Je ne sais quel bruit suspect, venu du dehors, fut aussi pour lui comme un second avertissement qu'il ne put mépriser tout à fait. Il alla donc jusqu'à la porte du cellier, et, de là, ses yeux perçants fouillèrent les environs. Hélas! il n'avait déjà plus son beau regard d'honnête chien, franc et loyal, sûr indice d'une conscience tranquille. Il y avait, au contraire, dans sa prunelle troublée, je ne sais quoi de furtif et d'inquiet, qu'un physionomiste aurait trouvé de bien mauvais augure pour l'avenir de sa vertu. La chose n'était, en effet, que trop certaine : du moment où il tournerait au mal sa rare intelligence, Zéro deviendrait promptement un profond scélérat : un chien comme lui, s'il faisait jamais le premier pas dans la voie du crime, irait nécessairement jusqu'au bout.

Notre voleur, car il l'était déjà d'intention, ne découvrit rien de suspect autour de lui : la porte de la cuisine était fermée, ainsi que la barrière du jardin. La cour était dé-

Ce fut Zéro qui arriva le premier

serte. Jamais l'heure n'avait été plus propice ni l'occasion plus favorable pour commettre impunément un attentat contre le bien d'autrui. Il y a dans la vie des instants où tout semble conspirer pour étouffer au fond de nos âmes ce qui peut nous rester encore de sens moral. Les hommes savent cela presque aussi bien que les chiens.

Zéro se précipita dans le cellier avec la violence du malfaiteur qui sent que l'heure des hésitations est passée, et qu'il lui faut maintenant agir, s'il veut assouvir sa passion.

Tout concourait, du reste, pour le perdre, en excitant encore sa convoitise.

Les deux œufs étaient là, chacun dans sa hotte, blancs parmi le foin verdâtre, si frais qu'ils en étaient chauds! Zéro les flaira un instant, comme si, à travers leur coque éclatante et mince, il les eût déjà savourés. Il semblait réfléchir encore; mais, tout à coup, un voile passa sur ses yeux, et la lumière qui éclairait peut-être encore quelque recoin de sa conscience s'éteignit tout à fait. Il perdit la notion du bien et du mal... et, qui sait? peut-être aussi la responsabilité de ses actes, aurait dit son défenseur en cour d'assises. Il saisit un des œufs, le fit disparaître sans peine dans sa large gueule, et, brisant la coque d'un seul coup de dent, le goba avec la sensualité d'un gourmet auquel il n'est pas besoin d'apprendre ce qui est bon.

Nous devons toutefois reconnaître que le remords suivit le crime de bien près. Il lui resta des fragments de la coquille dans les dents. Comme notre premier père, Adam, après la pomme fatale, il eût voulu pouvoir se cacher. Mais, au milieu même de ses iniquités, il eut un bon mouvement, dont il serait injuste de ne lui point tenir compte. Il se dit, sans doute, que le crime a ses degrés, ainsi que la vertu, et que ce n'était pas une raison, parce que l'on avait commis une première faute, pour aller jusqu'au bout sur la route du mal. Peut-être aussi pensa-t-il que c'était assez d'avoir privé sa maîtresse de la moitié de son déjeuner, et qu'il n'était que juste de lui laisser l'autre. Son premier œuf avalé, Zéro jeta au second un regard où la convoitise se mêlait au regret, mais, se rappelant à propos la maxime du sage : « Qui aime le péril périra ! » il s'éloigna rapidement du nid tentateur, et il alla faire un tour sur le port, histoire de prendre l'air, et de digérer son forfait.

Jeanneton, cependant, venait de rentrer du marché avec sa provision de la journée. Elle consulta le coucou de la salle à manger. Il marquait huit heures moins un quart. La cuisinière n'avait donc plus que quinze minutes pour mettre son couvert et préparer le déjeuner de sa maîtresse. Exacte comme le chronomètre dont le capitaine se servait jadis à son bord, Madame voulait faire son premier repas à huit heures précises, et si les œufs n'étaient pas sur la table à ce moment-là, son humeur s'en ressentait le reste de la journée. Elle avait l'appétit intransigeant et ne pardonnait pas un retard de dix secondes : elle réglait son estomac sur son coucou. Elle était d'ailleurs très frugale : une tasse de lait, avec ces deux œufs, et le fruit de la saison, la conduisaient jusqu'au dîner, qui avait lieu à une heure, comme dans beaucoup de bonnes familles de la bourgeoisie normande, encore fidèles aux usages de nos pères.

Jeanneton courut donc au cellier pour y prendre les œufs attendus. Inutile de dire qu'elle n'en trouva qu'un seul. Sa surprise fut grande, car on était dans la saison où les poules pondent, et *Blanchette* et *Noiraude*, généreusement nourries, n'avaient pas l'habitude de faillir à leur devoir. Une catastrophe soudaine bouleversant la nature; un tremblement de terre transportant la côte de Grâce de l'autre côté de la Seine, plantant la *Villa des Roches-Blanches* sur les falaises de Sainte-Adresse, et mettant Honfleur à côté d'Harfleur, ne l'auraient pas troublée davantage. Elle n'en voulait pas croire ses yeux; elle tâta le nid de Blanchette et le trouva bien réellement vide. Elle souleva et fouilla le foin odorant. Pas plus d'œuf que sur la main!

« Voilà qui est drôle, pensa-t-elle, et c'est vraiment à n'y rien comprendre! c'est, depuis trois mois, la première fois que pareille chose arrive... Blanchette se porte bien pourtant, et ce matin, quand je suis allée prendre du charbon, je l'ai vue sur son nid... S'il ne faut plus croire aux poules à présent, à qui croira-t-on?... Mais ce n'est pas tout cela... qu'est-ce que Madame va dire? Elle n'était déjà pas si contente avant-hier! »

Naturellement, Madame fut encore moins contente ce jour-là. Elle tenait à ses habitudes, et raffolait des œufs frais. Cette fois Jeanneton n'en fut pas quitte pour une excuse en l'air, et ce fut, au contraire, un interrogatoire en forme qu'il lui fallut subir. Interrogatoire bien inutile assurément, car, ne sachant rien, la pauvre fille ne pouvait rien dire. Elle était allée au cellier à l'heure accoutumée; seulement, au lieu d'y trouver deux œufs comme à l'ordinaire, elle n'en avait trouvé qu'un seul... il ne fallait pas lui en demander davantage.

« Voilà, dit Lise, quelque chose d'assez étrange, et à quoi, certes, je ne me serais pas attendue.... Des poules si bien nourries!... en pleine saison, c'est à ne plus croire à rien!... Mais voyons, toi, monsieur Pigault! au lieu de rester la bouche close pendant que je m'exténue à parler, il me semble que tu pourrais bien dire quelque chose.

— Je crois que ce me serait assez difficile, car tu ne m'en laisses guère le temps, ma chère mignonne! fit le capitaine, avec sa bonhomie paisible.

— Enfin, je n'ai qu'un œuf aujourd'hui, qu'est-ce que tu penses de cela?

— Je pense que les poules se dérangent! » fit Pigault toujours placide et serein.

Lise, que cette réponse ne satisfaisait point, regarda son mari à deux fois pour savoir s'il parlait sincèrement, ou s'il se moquait d'elle. Mais, dans les grands moments, le capitaine avait un masque aussi impénétrable que celui du Sphinx. Mme Pigault en fut réduite aux conjectures. Elle se montra, du reste, d'assez méchante humeur jusqu'au soir. On devait s'y attendre un peu.

« Cela s'en ira en dormant! » se dit le bon Pigault, à qui la vie avait fini par donner une bonne dose de philosophie pratique.

IV

Cependant Jeanneton, peu curieuse de s'exposer à une nouvelle scène, qui serait peut-être plus dangereuse que la première, eut soin le lendemain d'aller de meilleure heure au cellier; elle voulait prendre ses poules au nid. Elle arriva trop tard encore, et un visiteur plus matinal avait déjà fait la cueillette. Ce n'était pas seulement un œuf qui manquait à l'appel; cette fois, ils étaient partis tous les deux ! Décidément Zéro s'était affermi dans le crime, et le scélérat avalait maintenant l'iniquité comme l'eau... et les œufs aussi.

« Quel malheur! se dit Jeanneton; deux jours de suite! Madame va faire une vie! Hier ce n'était qu'un nuage, aujourd'hui ce sera une tempête. Je vais tâcher de me mettre à l'abri! »

Elle appela Zéro.

Celui-ci était allé à sa niche, où il digérait tranquillement son crime dans la paresse d'un demi-sommeil plein de charme. Il rêvait que le capitaine avait maintenant cent poules, et qu'elles pondaient pour lui toute la journée.

La voix de Jeanneton le troubla bien un peu. Il était comme tous ceux dont la conscience n'est pas nette : il craignait de se voir demander des explications. Il fit pourtant bonne contenance, et se présenta le front calme devant la cuisinière, qu'il prenait pour un juge d'instruction. Il est vrai que, sans en avoir l'air, il l'observait de loin, tout en se rendant à ses ordres. Il fut bientôt rassuré. Un seul regard lui donna la certitude que la brave Normande ne se doutait de rien.

« Tout va bien ! pensa le monstre : elle n'a pas le moindre soupçon. »

Il la regardait déjà avec plus d'assurance, tout en cherchant à deviner ce qu'elle pouvait bien lui vouloir si matin.

« Attends, mon bonhomme, dit-elle, en passant doucement la main sur la tête frisée de Zéro, tu vas me faire une course ! »

Zéro, depuis quelque temps, était le commissionnaire, je dirais volontiers le *factotum*, des Roches-Blanches. On l'envoyait chercher les provisions chez les fournisseurs, et jusqu'ici il les avait toujours rapportées intactes à la maison, avec la plus louable fidélité.

Jeanneton prit donc un morceau de papier, et, avec l'orthographe spéciale à l'institution dont elle faisait partie, elle écrivit en caractères irréguliers, mais très lisibles, ces quelques mots que Zéro, avec son intelligence accoutumée, devait porter à leur adresse pour lui épargner une descente en ville :

« *Deu zeus fraix, si vou plais !* »

Jeanneton attacha le billet sur une serviette, mit la serviette dans un petit panier d'osier, dont l'anse était garnie d'un morceau d'étoffe, ajouta trois décimes, enveloppés dans un morceau de journal, et mettant ensuite l'anse du panier entre les dents du chien :

« Chez l'épicier ! » lui dit-elle, en prononçant ces deux mots très lentement et très distinctement.

L'épicier, le débitant de tabac et le facteur de la poste aux lettres étaient trois personnages bien connus de Zéro, qui entretenait avec eux de bonnes et constantes relations. Sa rare perspicacité l'empêchait de se tromper d'adresse, et il n'allait jamais chez l'un quand on l'envoyait chez l'autre.

Il partit sur-le-champ, bien décidé à ne pas flâner en route ; heureux peut-être, au fond de l'âme, de pouvoir effacer par un service rendu la nouvelle faute dont il venait encore de charger sa conscience, et son estomac.

L'épicier, accoutumé à voir venir chez lui ce singulier commissionnaire, qui ne marchandait jamais, le pria poliment d'entrer, acheva de servir deux autres clients, arrivés avant lui, car il faut que chacun passe à son tour, regarda ensuite le papier, prit les trente centimes, choisit deux œufs dans une caisse, les mira au jour, pour que Zéro fût bien certain qu'on le servait en conscience, les plaça délicatement sur un petit lit de varech, les recouvrit de la serviette, puis, entraîné sans doute par la force de l'habitude :

« Et avec cela ? » dit-il à ce chaland d'une nouvelle espèce.

Zéro, qui était de bonne maison, trouva la question sotte et déplacée ; il savait ce dont il avait besoin, le demandait du premier coup, et ne tenait point qu'on l'excitât à la dépense. Cependant, comme il n'aimait point à être désagréable aux gens, il garda cette réflexion pour lui, tourna les talons comme un serviteur consciencieux (l'espèce en est rare!), qui n'aime pas à perdre son temps quand il est attendu par ses maîtres, et remonta la côte de Grâce d'un pas assez rapide, sans courir toutefois, car il savait mieux que personne que les œufs sont casuels...

Charger de porter des œufs un chien qui les aimait tant, c'était donner la brebis à garder au loup. Bien que le billet par lequel Jeanneton faisait sa commande fût resté tout ouvert, Zéro, qui était la discrétion même, ne s'était pas permis de le lire : il ne savait donc point ce qu'il allait chercher. Mais quand il vit ce que l'on mettait dans son panier, l'eau lui vint à la bouche, et toutes sortes de mauvaises pensées se présentèrent à son esprit. Les désirs coupables prirent une intensité plus grande à mesure qu'il montait la côte, et la tentation emprunta pour le perdre les insinuations les plus corruptrices... Le démon de la gourmandise lui soufflait tout bas que peut-être Jeanneton ne savait pas le compte de ses œufs, et qu'elle devrait se trouver bien contente s'il lui en rapportait un sur les deux... Et l'occasion était si tentante, et le péché si facile!... N'étaient-ils point là, à portée de sa dent, ces œufs fascinateurs? Il n'avait vraiment qu'à se baisser pour en prendre!... Il résista cependant, comme s'il eût compris qu'un dépôt confié est chose sacrée pour les chiens honnêtes. Cette victoire remportée sur lui-même prouvera peut-être qu'il n'était pas encore tombé au dernier degré de la perversité : elle faisait espérer que la vertu trouverait encore en lui quelques ressources.

Jeanneton lui épargna, du reste, l'angoisse des dernières luttes; car, un peu inquiète de ne pas le voir arriver, et déjà talonnée par l'heure, elle ne craignit point d'aller à sa rencontre sur la route.

En soulevant délicatement la serviette, et en apercevant les deux œufs, que le chien apportait intacts, comme on les lui avait donnés, la bonne cuisinière fut ravie.

« Sauvée ! » s'écria-t-elle. Si elle avait eu un peu plus de littérature, elle eût ajouté, comme dans les drames à la mode :

« Merci, mon Dieu ! ! ! »

La brave créature se faisait illusion, et elle n'était pas

Il remonta d'un pas rapide.

sauvée tant que cela ! Mme Pigault, qui avait le goût fin, n'eut pas plutôt trempé la première mouillette dans le premier œuf, qu'elle s'écria :

« Ces œufs-là ne sont pas les œufs de mes poules !

— Pas possible ! dit le capitaine, avec un étonnement sincère.

— Ce n'est peut-être pas possible, mais c'est vrai !

— Il faut avouer, dit Jean Pigault, que tu as le goût singulièrement délicat.

— Est-ce que, par hasard, tu t'en plaindrais? demanda madame, en prenant une voix de tête qui n'annonçait jamais rien de bon.

— Tu sais, ma chère enfant, qu'avec toi je ne me plains jamais de rien. J'admirais la délicatesse de ton palais, qui te permet de reconnaître si un œuf a été pondu par telle poule ou par telle autre. Voilà tout!

— Et cela t'étonnait sans doute?

— Étonner n'est pas le mot dont je m'étais servi, dit Pigault, décidé à marcher de plus en plus résolûment dans cette voie des concessions, qui, dit-on, a souvent perdu les gouvernements, mais qui, souvent aussi, a sauvé la paix des ménages ; c'est celui d'admiration qui s'était présenté tout d'abord à mon esprit. »

Lise, en entendant ces mots, releva vivement la tête, et fixa sur son mari le regard clair et perçant de ses jolis yeux bleus. On eût dit qu'elle n'était pas bien certaine qu'il fût sérieux en s'exprimant ainsi, et qu'elle voulait s'assurer de la sincérité de ses paroles.

Mais son examen, attentif jusqu'à la sévérité, ne lui fit découvrir aucune expression suspecte sur ce visage loyal et franc. Aussi ce fut d'une voix promptement radoucie qu'elle reprit : « C'est égal! cela ne se passera pas ainsi en conversation ; je veux en avoir le cœur net, et savoir au juste l'histoire de ces œufs ! »

Le capitaine eut de fâcheux pressentiments, et il eût bien voulu pouvoir changer un peu le cours des idées de sa moitié; mais il savait à quel point Lise était obstinée et tenace. Il ne se permit donc point de hasarder la moindre objection. Il fallait laisser passer la justice de Mme Pigault, comme on laissait passer jadis la justice du roi.

Lise agita d'une main fiévreuse la sonnette qui se trouvait à sa portée, et Jeanneton parut aussitôt sur le seuil de la salle à manger.

La violence du coup qui l'appelait ne lui permit point de douter qu'il ne s'agît d'une chose grave, et nous devons rendre cette justice à sa perspicacité, qu'elle devina tout de suite que l'on allait traiter à fond la délicate question des œufs. Cependant, comme elle aimait mieux « voir venir » que de se compromettre par quelque parole imprudente, elle attendit, non sans un peu d'émotion, les questions que sa maîtresse voudrait bien lui adresser.

Elle ne les attendit pas longtemps.

L'impétueuse jeune femme était, en effet, assez malhabile à se contenir, et elle voulait obtenir tout de suite les satisfactions qu'elle se croyait en droit d'exiger.

« D'où viennent ces œufs? » demanda-t-elle à la cuisinière, en essayant de la percer à jour avec l'acier de ses yeux bleus.

Jeanneton était une honnête Normande qui ne mentait jamais, quand le mensonge était inutile ou impossible.

« Ils viennent de chez l'épicier, madame, répondit-elle avec beaucoup de sang-froid.

— Eh! depuis quand, s'il vous plaît, va-t-on acheter mes œufs chez l'épicier?

— Madame, depuis qu'il n'y en a plus chez vous!

— Ah! il n'y a plus d'œufs chez moi? fit Lise en s'animant; je voudrais bien alors savoir un peu ce que font mes poules...

— Il faudrait le leur demander, car ce n'est pas moi qui pourrai le dire à Madame. Tout ce que je sais, c'est qu'elles ne font pas d'œufs!

— Ah! tenez! je suis la femme la plus mal servie de tout Honfleur! dit Lise, en froissant violemment l'une contre l'autre ses deux petites mains blanches.

— Si Madame croit cela, fit Jeanneton, en faisant le geste de dénouer les cordons de son tablier, elle n'a plus qu'à nous donner nos huit jours à ses poules et à moi! »

Cette réponse impertinente étant le dernier terme de l'audace que la cuisinière pouvait se permettre sans être immédiatement chassée, Jeanneton crut prudent de sortir, ce qu'elle fit sans demander son reste.

Lise était tellement bouleversée, si hors d'elle-même, que son mari craignit un moment qu'elle n'eût une attaque de nerfs. Mais il la connaissait assez pour savoir que ce qu'il y avait de mieux à faire en pareil cas, c'était de l'abandonner à elle-même, sans essayer de la consoler ni de la calmer. Elle ressemblait un peu à ces chevaux emportés, auxquels il faut bien se garder de faire sentir le mors, parce qu'ils prennent alors un point d'appui sur la main, et la résistance qu'on leur oppose ne fait que les exciter davantage.

Au bout de quelques minutes, Mme Pigault se leva de table, repoussa sa chaise, jeta sa serviette dans un coin, et sortit de la salle à manger, où elle laissait son mari consterné, en disant : « Je ne me laisserai pas tromper comme cela! Je veux voir clair dans mes affaires, et savoir un peu ce qui se trame contre moi dans ma propre maison! »

Décidée à faire une enquête, à laquelle un juge d'instruction aurait dû rendre des points, la femme du capitaine pratiqua d'abord une descente de lieux. C'est le début obligé de toute bonne procédure criminelle. Elle se dirigea tout d'abord vers le cellier, où, depuis un temps immémorial, les poules avaient l'habitude de pondre.

Elles étaient là toutes deux : l'une grimpée sur un tonneau, et faisant entendre ce petit gloussement satisfait qui indique chez les femelles des gallinacés qu'elles viennent de s'acquitter d'une ennuyeuse corvée ; l'autre, au contraire, perchée sur une poutre transversale, au-dessous des chevrons du toit — elle n'aurait pu monter plus haut. — Celle-ci avait l'œil hagard, le bout de la crête rouge comme du sang, les plumes ébouriffées et froissées, enfin, un je ne sais quoi de troublé dans toute sa personne, comme si elle eût été l'objet de quelque tentative criminelle. Bien qu'elles fussent depuis longtemps accoutumées à leur maîtresse, et familières avec elle jusqu'à lui manger dans la main les miettes de son pain, Blanchette et Noiraude, en la voyant, poussèrent des cris effarouchés ; puis elles essayèrent de prendre ce vol lourd et embarrassé qui ne conduit jamais les poules ni bien loin ni bien haut.

« Voilà qui est vraiment singulier ! se dit Mme Pigault, en paraissant réfléchir profondément. Voyons maintenant les nids ! »

Elle se dirigea aussitôt vers les deux hottes. Là encore elle trouva des traces de désordre. On sait quelle est la netteté habituelle du nid où la pondeuse a laissé son œuf : tout est lisse, égal et comme passé au rouleau. Ce jour-là, au contraire, la paille paraissait soulevée, fouillée, tourmentée.

« Tout cela n'est point naturel ! pensa Mme Pigault. Je suis bien certaine à présent que mes poules ont pondu, et que l'on a pris mes œufs. Il y a un coupable tout près d'ici. Quel est-il ? C'est à moi de le trouver, de le surprendre... et de le punir ! »

Comme tous les êtres essentiellement nerveux, Lise était entièrement, absolument sous l'empire de l'idée présente, dominée par elle d'une façon exclusive. Quand elle voulait une chose, elle la voulait si fortement qu'il fallait bien que cette chose-là finît par arriver. Elle eut pourtant le courage de ne point ouvrir la bouche de toute la journée pour dire un seul mot de ce qui faisait l'objet de son unique préoccupation. Elle médita longuement ses plans, et finit par s'arrêter à la résolution qui lui semblait le plus propre à la conduire au résultat désiré. Il n'y avait absolument rien à faire pour le moment. C'était le matin seulement que les poules pondaient ; c'était le matin aussi que le voleur enlevait les œufs : c'était donc le matin qu'il fallait ouvrir l'œil... et agir.

Mme Pigault avait habituellement le sommeil léger. Son oreille inquiète, toujours aux écoutes, saisissait les moindres bruits qui troublaient le silence de la maison. Un trésor n'eût pas trouvé de gardienne plus vigilante. Mais cette nuit-là elle dormit moins encore. Elle se leva dès l'aube, s'habilla promptement, silencieusement, pour ne pas réveiller le capitaine, plongé dans un sommeil de plomb, et sortit de la chambre, après lui avoir jeté un regard indéfinissable — le regard de la femme qui ne dort pas assez au mari qui dort trop !

Elle descendit, et fit le tour de son rez-de-chaussée avec assez de crânerie et de résolution, et, ne trouvant rien de suspect dans les appartements, continua son inspection dans la cour et dans le jardin. Toutes les portes étaient hermétiquement closes. Nulle part, rien qui révélât l'escalade ou l'effraction ; elle examina avec non moins d'attention les allées, sablées d'une sorte de tangue, grise et pâle, que l'on retirait de l'embouchure de la rivière, et sur laquelle l'empreinte des pas se gravait profondément. Ni la cour ni les allées ne lui offraient aucun indice accusant les ennemis du dehors. Il n'y avait plus moyen d'en douter... elle était victime d'un vol domestique..... Le coupable, en pareil cas,

Elle n'aurait pu monter plus haut.

serait plus facile à trouver, puisqu'on l'avait sous la main, et qu'il ne s'échapperait pas. Il faut bien l'avouer : la pensée de Jeanneton se présenta un moment à l'esprit soupçonneux de Lise; mais elle ne voulut pas s'y arrêter. Jeanneton était honnête, incapable d'une action mauvaise... et, d'ailleurs, n'avait-elle point les clefs de tout? Ne pouvait-elle point prendre ce qu'elle voulait dans la maison? N'était-elle pas nourrie comme les maîtres eux-mêmes?

« Que je suis sotte! se dit Mme Pigault avec un mouvement d'épaules, c'est bien certainement quelque rat qui est mon voleur! J'achèterai un piège, et tout sera dit! Il y a maintenant des chiens qui prennent admirablement les rats; mais le nôtre est un fainéant, un propre à rien, dont il ne faut attendre aucun bon office! Ce n'est pas lui qui viendra à mon aide dans cette circonstance. »

Tout en faisant sa ronde matinale, Lise avait passé devant la loge de Zéro. Celui-ci l'avait bien vue ; mais, reconnaissant en elle la maîtresse du logis, libre d'aller et de venir chez elle comme bon lui semblait, il avait considéré toute démonstration hostile comme une inconvenance et une grossièreté qu'il ne pouvait point se permettre. Si Madame avait professé d'autres sentiments pour lui, il n'aurait pas manqué d'aller à sa rencontre, car on ne l'enchaînait jamais, et de lui témoigner une surprise joyeuse, en la voyant si matinale ; mais Zéro n'appartenait point à la race des vils flatteurs, et il n'était pas chien à faire deux fois des avances à qui le méritait si peu. Aussi referma-t-il bientôt son œil intelligent et malicieux, et, après avoir étiré ses membres et bâillé largement, il se retourna sur sa paille fraîche, en se disant, avec une volupté de paresseux, qu'il avait encore le temps de faire un somme.

Lise, cependant, était allée s'asseoir dans sa salle à manger, pièce un peu froide, d'une propreté sévère, où elle se tenait plutôt que dans son salon, parce qu'elle pouvait de là surveiller plus aisément sa maison. Elle prit son ouvrage, car elle connaissait le prix du temps et ne perdait jamais une minute, et elle tira consciencieusement son aiguille, en attendant les évènements.

Jeanneton descendit à six heures et demie, ne parut point trop étonnée de voir Madame déjà debout, — Jeanneton ne s'étonnait de rien, — lui demanda ses ordres, prit son panier, et s'en alla en ville, car c'était le jour du marché. Lise continua une tapisserie de Pénélope, commencée le lendemain de son mariage, destinée au meuble de son salon, mais qui devait bien lui demander une dizaine d'années, tant elle était considérable, difficile et compliquée. Cependant, tout en travaillant consciencieusement, elle jetait bien souvent les yeux dans la cour, et surveillait surtout la porte du cellier, théâtre supposé du drame qui l'intéressait si fort, toute prête à se précipiter au secours de Blanchette ou de Noiraude, dès qu'elles pousseraient le premier cri d'alarme.

Un peu avant sept heures, son attention fut attirée par un léger bruit qui se fit dans la cour. Elle regarda, et vit Zéro, cet abominable Zéro, son ennemi intime, qui sortait furtivement de sa loge, et qui se dirigeait avec précaution vers le cellier.

Un soupçon terrible traversa son esprit, avec une promptitude d'éclair, et se formula tout aussitôt en ces mots accusateurs, qui s'échappèrent de ses lèvres serrées :

« Ah! le misérable... c'était donc lui! Je vais le prendre en flagrant délit, et lui dire son fait! »

V

Impétueuse par caractère, impatiente par nature, et malhabile à se contenir, Lise se leva, ou plutôt bondit de sa chaise, et voulut s'élancer sur les traces du chien. Pourtant une réflexion l'arrêta. Si elle arrivait trop vite, elle empêcherait Zéro de fournir lui-même la preuve de son crime. Il fallait lui laisser le temps de montrer jusqu'à quel point il était scélérat, et, en le prenant la patte dans le sac, le mettre dans l'impossibilité de plaider « non coupable ! »

Mme Pigault resta donc quelques minutes encore dans la salle, puis, retenant son souffle, et marchant sur la pointe du pied, elle alla doucement jusqu'à la porte du cellier. Mais ce Cartouche et ce Mandrin de la race canine, Zéro, qui avait véritablement plus de malice qu'une personne raisonnable, avait eu la précaution de la refermer, pour vaquer plus tranquillement à ses affaires.

Malheureusement pour lui, il n'avait pu boucher les fentes de la porte, déjà vieille, et qui avait joué sous l'effort des ans. Ce fut là ce qui le perdit.

Lise regarda par la plus large de ces fentes, et le spectacle le plus étrange frappa ses yeux indignés.

Zéro, le criminel Zéro, rasé contre terre, le ventre à plat, les jambes de derrière ramassées sous lui, sa longue queue frétillant de plaisir et battant le sol, maintenait immobile entre ses pattes de devant l'infortunée Blanchette.

Lise se retint à quatre pour ne pas ouvrir brusquement la porte. Elle voulait se précipiter sur le coupable, le saisir en plein crime, la chose était bien facile, et lui infliger immédiatement le châtiment dû à ses forfaits. Mais une curiosité plus forte encore que la colère la retint un moment sur le seuil.

Elle n'eut pas longtemps à attendre.

Le coupable Zéro guettait l'œuf ; il l'aida même à venir au monde et se donna la joie, bien gagnée, de l'avaler tout chaud.

Un coup de dent brisa la coque, qui fut engloutie à son tour comme un corps de délit compromettant.

Mme Pigault était furieuse, et vraiment elle avait quelques raisons de l'être. Mais nous devons avouer, cependant, que sa colère n'allait point sans un certain mélange de plaisir. Elle s'indignait, sans doute, à la pensée que, ce matin encore, elle n'aurait pas d'œufs frais à son déjeuner. Mais, du moment où il y avait un coupable, elle était charmée de pouvoir se dire que ce coupable était le chien maudit, qu'elle avait toujours abhorré, alors même qu'elle ne savait pas encore à quel point il méritait de l'être. Sa haine, à drésent, se colorait ainsi d'un prétexte de justice.

Elle eût bien voulu, avant toute espèce de jugement, administrer au délinquant une punition sommaire et préalable, quitte à s'expliquer après. Mais Zéro, qui était physionomiste, lut sans doute cette intention charitable dans les yeux de sa maîtresse, car, en l'apercevant, il éprouva une envie démesurée de gagner le large. Il fila, comme une balle, par la porte que sa maîtresse venait d'entr'ouvrir, et, trouvant la cour fermée, entra dans la cuisine, et, de là, sauta dans la rue par la fenêtre, au grand ébahissement

Zéro sauta par la fenêtre.

de Jeanneton, rentrant tout juste de son marché, et qui ne lui connaissait point ces habitudes de chien mal élevé. Une fois dehors, il défila sans attendre aucune explication, et arpenta la Côte de Grâce, aussi vite que ses jambes pouvaient aller.

Depuis qu'il s'était retiré des affaires et de la vie active, un peu prématurément peut-être, et en se condamnant, trop jeune, à une oisiveté pour laquelle il n'était pas fait, le capitaine, qui trouvait le temps long, rognait sa journée par les deux bouts, la commençant le plus tard et la finissant le plus tôt possible. Il avait d'ailleurs la conscience tranquille et l'estomac excellent, ce qui lui assurait un sommeil facile. Il en profitait : le lit est la grande ressource des gens inoccupés.

Lise, qui avait toutes les qualités de la femme d'intérieur, lui en laissait prendre à son aise, et veillait à ce que la maison fût en ordre avant qu'il ne parût à l'horizon. Mais, ce jour-là, elle avait trop de choses à lui dire pour lui permettre de faire ainsi la grasse matinée. Il fallait qu'elle donnât un libre cours à la colère excitée en elle par la découverte du crime de Zéro; il fallait aussi qu'elle soulageât le dépit que lui avait causé sa faute impunie.

Elle entra comme un ouragan, poussa la porte avec une certaine violence, et culbuta un fauteuil et deux chaises qui se trouvaient sur son chemin. Le dormeur fut réveillé en sursaut. Il ne fit qu'entr'ouvrir un œil; mais ce fut assez pour qu'il aperçût sa femme, et qu'à l'expression de sa physionomie il devinât tout de suite qu'il y avait de l'orage dans l'air. Il fit comme Zéro; il feignit de n'avoir rien vu, referma la paupière et parut continuer son somme. Mais Lise ne fut pas dupe de ce petit manège. Elle avait surpris le tressaillement des muscles sur le visage de son mari; elle avait vu la lueur humide du regard dans sa prunelle. C'en était assez pour que la ruse fût éventée, et par conséquent inutile.

« Il a peur, pensa-t-elle; il fera tout ce que je voudrai ! »

Elle s'approcha du lit, et, sans lui donner le temps de se reprendre, posant sur l'épaule du capitaine sa petite main fine et nerveuse :

« Allons ! réveille-toi tout à fait, lui dit-elle ; c'est assez dormir comme cela. Tu as bientôt fait le tour du cadran.... Tâche de m'écouter un peu : j'ai des choses graves à te dire.

— Et tu ne pouvais pas remettre cela jusqu'à huit heures?
— Non ! »

Jean Pigault vit bien qu'il ne lui serait pas facile d'éviter la scène inattendue que sa femme venait lui faire, à un moment où la fuite lui était absolument impossible.

Il se souleva un peu, mit son coude sur l'oreiller, sa tête dans sa main, et d'un air résigné :

« Eh bien! parle, dit-il, je t'écoute !

— J'ai vu le voleur de mes œufs.

— Ah bah! tu en es sûre? Eh ! bien il fallait le faire arrêter !

— Ce n'est pas l'envie qui m'a manqué... mais il a pris la fuite...

— Tu le connais?

— Je ne connais que lui !

— Alors préviens le maire et les deux adjoints, le garde champêtre et la gendarmerie ! Veux-tu que je mande la chose au procureur de la République, qui réside à Pont-l'Évêque ?

— Nous n'avons pas besoin de tant de monde que cela, fit Lise qui regardait fixement son mari, ne sachant trop s'il était sérieux, ou s'il n'entendait point se rire d'elle, ce qui lui arrivait quelquefois.... Si tu le veux bien, tu suffiras à toi seul à me faire rendre justice.

— Certes que je le veux ! Mais dis-moi comment ! D'abord, le nom du coupable ?

— Le coupable est ton chien, répondit Mme Pigault avec une assurance qui ne permettait pas de douter.

— Zéro?

— Lui-même!

— Zéro voleur?... Eh bien! non, voila ce que je ne puis pas croire. C'est impossible... tu auras mal vu... tu te seras trompée! Qu'est-ce qu'il en pourrait donc bien faire, de tes œufs! Est-ce que, par hasard, il espère les vendre au marché?

— Non; mais il les mange.

— Il les mange? répéta Pigault, comme un écho; et à quelle sauce, je te prie? En omelettes, farcis, brouillés, au jus, aux pointes d'asperges? »

L'œil de Lise s'anima : un petit frémissement fit trembler ses lèvres.

« Je t'avertis, monsieur Pigault, que ces plaisanteries me semblent déplacées et de mauvais goût, dit-elle de cette voix grêle que Jean n'aimait pas. Quand je prends si à cœur les intérêts de la maison, je mérite de trouver chez toi autre chose que de la raillerie ou de l'indifférence. »

Pigault aimait trop sa femme pour vouloir la fâcher sérieusement. Il ne jugea donc pas à propos de continuer plus longtemps cette petite guerre, dont il savait bien qu'il payerait les frais, lors de la signature du traité. Il fit donc une retraite prudente, et ce fut d'un ton très grave qu'il répondit :

« Ainsi tu es bien sûre que c'est ce misérable Zéro qui avalait tes œufs, et qui déjeunait à ta place?

— Puisque je te dis que je l'ai vu! » fit Lise, qui raconta par le menu la petite scène à laquelle, un moment auparavant, elle avait assisté, protégée par la porte du cellier qui lui permettait de tout voir sans attirer l'attention du coupable.

Nous devons dire qu'au grand étonnement de sa femme, le capitaine ne témoigna, en entendant son récit, ni colère ni indignation. On eût dit plutôt qu'il admirait l'exploit surprenant accompli par son chien.

« Je savais bien, dit-il, que ce coquin de Zéro avait beaucoup d'esprit, mais je n'aurais jamais cru qu'il en eût tant que cela ! »

Cet éloge du criminel dans la bouche de celui auquel Lise venait de dénoncer ses attentats, en criant vengeance, eut pour effet immédiat de jeter la jeune femme dans une véritable exaspération. La patience n'était pas sa qualité dominante, et elle épuisait assez promptement la dose, d'ailleurs très modérée, que le ciel lui avait départie de cette précieuse vertu.

En pareil cas, son unique ressource, c'était de faire une scène à son mari.

« Vraiment, dit-elle, je crois que tu saisis avec empressement toutes les occasions que tu peux trouver de m'être désagréable !

— Chère amie.... comment peux-tu supposer ?

— S'il en était autrement, tu ne t'obstinerais pas, malgré mes prières, à garder près de toi, chez nous, entre nous...

— Il n'y a rien, il n'y aura jamais rien *entre* nous, ma chère Lise, sache-le bien ! dit le capitaine avec un peu d'émotion.

— Oui, à garder *entre nous*, reprit la jeune femme avec plus de force, un misérable chien, laid, presque difforme.... sans race....

— Dame ! cela, vois-tu, ce n'est pas sa faute... ce serait à ses parents...

— Un chien qui n'a que des défauts....

— Oh! pardon! chérie, ici je t'arrête; car ce pauvre Zéro possède au moins une qualité....

— Laquelle?

— La plus grande de toutes à mes yeux!

— Lui!

— Oui, lui! il m'aime!

— Tous les chiens aiment leurs maîtres!

— Tu crois?

— J'en suis sûre! Tu en aurais un autre que ce serait la même chose! Qui sait? peut-être t'aimerait-il encore davantage! et il serait jeune, beau, docile.... et il ne mangerait pas mes œufs!... »

Quand Lise était une fois lancée, il devenait difficile de l'arrêter. Le capitaine le savait bien; aussi prenait-il le parti le plus sage, qui était de la laisser aller jusqu'au bout. Ainsi fit-il ce jour-là.

La jeune femme profita de la licence qu'on lui donnait, pour prononcer contre Zéro un véritable réquisitoire, dans lequel se trouvèrent exposés tous les torts et tous les crimes de son ennemi. Elle ne parla pas seulement du mal qu'il avait fait, mais de celui qu'il ferait encore, maintenant qu'il était lancé dans la voie du crime, où les chiens vont parfois aussi loin que les hommes. Elle savait bien, pour son compte, que si on ne la débarrassait pas d'un pareil voisinage, elle n'aurait plus un seul moment de repos.

Et tout cela fut dit comme les femmes savent dire, tour à tour avec emportement et avec douceur, avec des colères insensées et des câlineries irrésistibles, et d'une voix qui prenait tous les tons, et qui mariait habilement le reproche à la prière.

Mme Pigault pleurait.

Nous devons rendre cette justice au capitaine que, même devant cette attaque véhémente, il résista longtemps sans lâcher pied, continuant à défendre courageusement son ami. Mais il le défendait de plus en plus mollement, un peu à la façon de ces avocats, nommés d'office, qui savent que leur client est coupable, qui n'espèrent plus d'acquittement, et qui s'estimeraient heureux d'obtenir des circonstances atténuantes.

Lise était trop fine pour ne pas s'apercevoir qu'elle gagnait peu à peu du terrain, et elle avait trop de tact pour ne pas vouloir profiter de ces premiers avantages. Elle fit donner ses réserves.

« Ah! s'écria-t-elle, en essuyant une larme qui vint à propos mouiller ses yeux, je vois bien que tu n'as plus d'affection pour moi!... Qui sait? peut-être n'en as-tu jamais eu.... Suis-je assez humiliée!... suis-je assez malheureuse! tu me préfères un chien.... tu me sacrifies à un caniche.... qui n'est qu'un barbet! moi, moi ta femme.... et nous ne sommes pas mariés depuis six mois!

— Ah! Lise, si tu peux dire!

— Tenez! je le hais votre chien, je le hais! je l'exècre! et vous me forcez à le garder, à le voir tous les jours.... à vivre avec lui! et si l'un de nous deux devait quitter la maison, et céder la place à l'autre.... ce qui arrivera peut-être un jour.... ah! je le vois bien.... ce sera moi qu'on renverra! » s'écria la jeune femme avec une explosion passionnée.

Ici, Lise s'arrêta comme si elle eût été suffoquée par l'émotion, et qu'il lui eût été impossible d'en dire davantage.

Mme Pigault pleurait bien.

Sa douleur, qui venait surtout de ses nerfs surexcités, n'était pas assez grande pour la défigurer.... C'était là le point essentiel, et l'on avait envie de recueillir, comme des perles fines, les pleurs coulant sur ses joues, qui avaient la couleur des roses blanches.

Comme tous les hommes d'action qui ont dépensé beaucoup de leur énergie avec les hommes, et contre eux, le capitaine n'en avait plus beaucoup à son service dans ses petites luttes intimes avec sa femme. Il se souleva à demi de son lit, et bien doucement :

« Tu sais bien, Lisette, que tu feras toujours tout ce que tu voudras de ton pauvre Jean Pigault. »

VI

On déjeuna gaiement aux Roches-Blanches ce jour-là, bien qu'un peu plus tard qu'à l'ordinaire, et l'on ne parla point de Zéro. Les deux époux semblaient être en parfaite intelligence. Madame ne se plaignit point des œufs, bien qu'ils vinssent encore de chez l'épicier. Il est vrai que Monsieur redoublait de grâce et d'amabilité pour lui faire oublier ce petit désagrément « qui ne se renouvellerait plus » — il lui en donnait sa parole.

Cependant, chaque fois que l'on ouvrait la porte de la salle à manger, le capitaine jetait un coup d'œil furtif dans la cuisine, comme s'il se fût attendu à voir paraître son chien. Mais cette attente fut trompée : il n'aperçut de Zéro ni la queue ni les oreilles. Il est vrai que le pauvre diable n'entrait plus guère dans cette pièce dont les rebuffades de Lise l'avaient exilé peu à peu; mais on pouvait être sûr qu'au moment du déjeuner il n'était jamais bien loin. Il avait même choisi, avec le discernement qu'il mettait à toutes choses, une place dans la cuisine, d'où il pouvait apercevoir son maître.

Pour qui connaissait le cœur des chiens en général, et celui de Zéro en particulier, il était bien certain que l'intelligent animal, éclairé par le regard indigné que lui avait jeté sa maîtresse au moment où il perpétrait son attentat, commençait à se rendre compte de l'énormité de sa faute, et qu'il jugeait à propos de laisser aux autres le temps de l'oublier. Ce révolté n'osait pas encore demander l'amnistie.

Pigault ne s'en disait point aussi long. Seulement, comme son chien n'avait pas l'habitude de s'absenter aux heures de repas, qui lui valaient toujours quelque bonne aubaine, il se demandait où il pouvait bien être maintenant. Mais, comme il se sentait observé de très près, il se le demandait tout bas, tout bas.

A la fin du déjeuner, Lise s'approcha de son mari, et comme elle savait qu'il faut battre le fer pendant qu'il est chaud :

« N'est-ce pas que tu vas t'occuper de ce mauvais chien? lui demanda-t-elle, en lui pinçant délicatement le bout de l'oreille, petite marque de faveur à laquelle le loup de mer, que l'on n'avait pas trop gâté jusque-là, ne se montrait jamais insensible.

— Puisque c'est promis! dit-il avec une nuance d'embarras.

— Oh! oui, et bien promis encore! répliqua la jeune femme, en le regardant dans les yeux. Je sais bien qu'il m'en veut maintenant, et je n'aurais plus une minute de tranquillité s'il restait ici.

— Tu le calomnies, dit Pigault avec un léger mouvement d'épaules. Je puis t'assurer que le pauvre animal est bien incapable de faire du mal à personne... à toi moins encore; pour peu que tu t'en fusses donné la peine, ajouta-t-il avec une nuance de mélancolie, tu l'aurais réduit aussi aisément que moi… »

Lise ne releva point cette dernière assertion, et, ne voulant ni l'admettre ni la combattre, elle fit comme si elle ne l'avait pas entendue.

Jean Pigault comprit bien qu'il ne lui restait plus qu'à s'exécuter. Il prit son chapeau, et sans trop savoir ce qu'il allait faire, enfonçant ses fortes mains dans les poches profondes de sa veste ronde en drap pilote, laissant derrière lui cette pittoresque Côte de Grâce, avec sa magnifique avenue de grands ormeaux, de hêtres et de platanes, il descendit rapidement vers le port : habitude de marin ! Dans les moments embarrassants, c'était toujours là qu'il allait chercher ses inspirations.

Il n'avait point encore fait cent pas sous ces grands arbres aux rameaux séculaires, quand Zéro, qui se livrait en ce moment au plaisir de la maraude dans les contre-allées, l'ayant reconnu, vint à lui, et se précipita dans ses jambes avec une telle impétuosité, qu'il faillit le renverser…. Mais il s'arrêta tout à coup au milieu de ses expansions par trop turbulentes, et jeta un regard en arrière pour s'assurer qu'il n'était pas suivi. Puis, quand il fut certain qu'ils étaient bien seuls, il se livra de nouveau aux folles ardeurs de sa tendresse, enlaçant, pour ainsi parler, le capitaine dans les bonds joyeux qu'il décrivait autour de lui, lui sautant presque jusqu'au visage, ou lui léchant doucement les mains.

« Le moment est bien choisi, pauvre bête ! dit Jean Pigault en lui posant sur la tête une main caressante. Jouis de ton reste, malheureux, car nous allons être longtemps sans nous revoir. »

On eût dit vraiment que le chien comprit ce qu'on lui disait, car sa physionomie — et vraiment, il en avait une, — changea tout à coup d'expression : on eût dit un autre chien. Il regarda son maître avec une certaine hésitation, comme s'il se fût demandé s'il devait le suivre.

« Allons ! viens, puisque te voilà ! lui dit le capitaine ; mais je te préviens que tu aurais mieux fait de ne pas me rencontrer ce matin. »

Le chien baissa le nez et emboîta le pas derrière son maître. Il se doutait de quelque chose...

Nous avons dit que Pigault descendait vers le port. Zéro avait vécu assez longtemps dans ces parages, avec Norkind Van der Tromp, à bord de la *Reine-Sophie*, et il n'y avait pas été fort heureux. Cette partie de la ville ne lui rappelait donc que de pénibles souvenirs, et il n'y était jamais revenu. Il regarda les bateaux d'un œil défiant. Il n'avait pas eu le mal de mer ; mais il s'en fallait que ses traversées eussent été exemptes d'ennuis. Il se trouvait à l'étroit dans ces maisons flottantes ; l'ordinaire des matelots lui paraissait insuffisant, et il regrettait de n'y pouvoir ajouter les suppléments que, sur la terre ferme, d'une manière ou d'une autre, son industrie parvenait toujours à lui procurer.

Cependant le capitaine marchait vite, comme un homme chargé d'une ennuyeuse besogne, et qui veut s'en tirer le plus tôt possible.

De temps en temps il se retournait pour voir si son chien le suivait toujours, précaution qui, dans toute autre circonstance, lui aurait paru fort inutile, car Zéro n'était pas capable de le perdre en chemin. Mais, comme s'il eût eu le remords de ce qu'il allait faire, et qu'il eût rougi de lui donner en ce moment des preuves d'affection qui n'eussent été qu'une sorte d'hypocrisie, il n'eut point avec lui l'abandon et la familiarité qui faisaient le charme de leurs relations dans l'intimité.

Zéro lui en voulut un peu de cette réserve, dont les vrais motifs lui échappaient. Il lui semblait que, du moment où personne ne le gênait, son maître aurait pu revenir à leurs

Il sautait jusqu'au visage du capitaine.

habitudes d'autrefois, et se montrer un peu plus expansif. Mais, en chien bien appris qu'il était, il garda cette réflexion pour lui, et continua de suivre le capitaine en observant ses distances.

Celui-ci, laissant à sa droite le bassin où les navires viennent se mettre à quai pour prendre ou déposer leur chargement, se dirigea vers l'avant-port où se trouvaient trois ou quatre bateaux en partance. Parmi ces derniers, il y en avait un, encore tout près du bord, mais auquel s'amarrait déjà le remorqueur qui devait le mettre au large.

Ce fut vers celui-là que Jean Pigault tourna ses pas tout d'abord. Il n'avait pas eu besoin, pour le reconnaître, de lire son nom « La Jeune-Alix », écrit en grandes lettres rouges sur une bande blanche, à l'arrière. Sa forme générale, la plantation de ses mâts, la disposition de ses agrès, dont aucun détail n'échappait à l'œil exercé du marin, le lui auraient fait distinguer entre mille.

Il enjamba lestement la muraille du bateau qui ne s'élevait pas à un mètre au-dessus du quai, puis il se retourna vers son chien. Dans toute autre circonstance un obstacle aussi insignifiant n'aurait pas arrêté bien longtemps Zéro : il l'eût franchi d'un bond joyeux, et fût arrivé avant son maître ; mais, ce jour-là, il manquait décidément d'entrain. Il n'avait pas osé s'enfuir, bien qu'il en eût fortement envie ; mais, craignant quelque fâcheuse aventure, et ne voulant pas qu'on pût lui demander un jour « ce qu'il était allé faire dans cette galère », il s'était assis tranquillement sur son séant, dans une attitude assez mélancolique, et il regardait vaguement autour de lui, attendant de nouveaux ordres. Il semblait croire que son maître était en visite, et qu'il n'avait pas besoin d'entrer, puisqu'on ne l'en priait point.

Le capitaine connaissait trop bien son chien pour ne pas douter de ce qui se passait en lui. Il comprit donc ses préoccupations, ses soucis et ses craintes. Il ne put pas douter que le condamné ne devinât parfaitement de quoi il retournait pour lui, et cette seule idée lui fit gros cœur.

« S'il n'obéissait qu'à son instinct, se dit-il, comme il aurait vite fait de retourner à la maison. Il ne reste ici que pour m'être fidèle jusqu'au bout — jusqu'à la mort peut-être ! »

Cependant il n'était pas venu si loin pour reculer au

dernier moment. D'ailleurs sa parole était donnée ! ce qu'il ne ferait pas aujourd'hui, il faudrait le faire demain... autant en finir tout de suite.

« Ici, Zéro ! » fit-il de sa voix de commandement.

Le chien prit son élan, sauta lestement par-dessus le bord, et vint tomber aux pieds de son maître.

« Couche ! » dit Jean Pigault, qui ne voulut ni le regarder — il n'en avait pas le courage — ni le caresser, car une caresse, en un pareil moment, lui eût semblé odieuse comme une trahison.

De son côté, le chien fixait sur lui son grand œil clair, doux et profond, qui semblait dire :

« Tu m'as appelé, me voici ; maintenant que faut-il faire ?

— Couche ! » répéta Jean Pigault pour la seconde fois, en faisant de la main un geste qui ordonnait le repos absolu et l'immobilité parfaite.

Zéro tourna deux fois sur lui-même, comme s'il eût voulu choisir sa place ; puis il se coucha en rond, ferma un œil, ouvrit l'autre et attendit.

« J'aime mieux cela ! se dit Pigault. J'aurais redouté une scène de sentiment ; les scènes sont inutiles... et puis ça fait du mal !... »

Le capitaine de la *Jeune-Alix* était debout sur sa passerelle, surveillant les derniers apprêts de son appareillage, car on allait partir. Comme Jean Pigault, Tautin était de la race des loups de mer. Dans leur jeunesse, ils avaient navigué ensemble ; mais Tautin avait fait sa pelote moins vite que Pigault, et celui-là devait travailler encore, quand déjà l'autre avait le droit de se reposer. Ils n'en étaient pas moins restés d'excellents amis, se revoyant toujours avec plaisir.

« Bonjour, vieux! dit Tautin, en tendant la main à Pigault. Quel bon vent t'amène?

— Un service que je viens te demander.

— Merci! c'est fait! mais parle vite! tu vois que nous n'allons pas coucher ici!

— Je viens te demander un passage.

— Pour toi?

— Non, pour un ami.

— Tu sais où nous allons!

— Au Sénégal, m'a-t-on dit?

— Juste! c'est là que veut se rendre ton monsieur?

— Oui... c'est-à-dire non!

— Oui, non! lequel des deux?

— Eh bien! il ne tient pas précisément à faire un aussi long voyage... mais il faut qu'il le fasse!

— Ah! je comprends! c'est un indiscipliné, à qui l'on ménage un tour du monde... de correction.

— Non! reprit vivement Jean Pigault, c'est au contraire un très bon enfant. Mais il est la cause de grandes divisions dans la famille.

— Entre le père et la mère?

— Pas précisément, mais entre le mari et la femme, et on le sacrifie pour avoir la paix!

— Pauvre diable!

— Il est à plaindre, en effet, et je te demanderai tes bontés pour lui.

— Il les aura, cela va sans dire! Mais je te préviens que nous ne sommes pas trop bien outillés du côté de la cambuse; je ne m'attendais pas à l'honneur d'avoir des passagers, et notre ordinaire n'est pas riche... tu connais ça, toi?

— Ceci n'est qu'un détail auquel je ne m'arrête pas. Le particulier auquel je m'intéresse n'est pas difficile !

— Ça se trouve bien ! mais va le chercher ! il est dans les environs, j'imagine ? nous démarrons dans cinq minutes. Ce port est difficile en diable ! tu le sais mieux que personne. Si je ne profite pas du jusant pour sortir, il faudra que je me fasse traîner jusqu'en pleine mer. Cours donc et reviens vite !

— C'est inutile ! le passager est déjà à ton bord.

— Tiens ! je n'ai vu entrer que toi !

— Et mon chien ! fit Pigault en riant.

— Quelles bourdes me contes-tu là ?

— Pas la moindre bourde ! c'est le voyageur que je t'amène ! Écoute-moi !

— Je ne fais que cela ! »

En termes éloquents, parce qu'il était sous l'empire d'une émotion réelle, Pigault raconta l'histoire de son chien... et celle de sa femme. Elles étaient si étroitement mêlées l'une à l'autre, qu'il était vraiment impossible de les séparer. Il dit comment il avait sauvé Zéro, et comment il l'avait aimé. Il peignit toute la tendresse de son chien pour lui, et ne cacha point l'antipathie de sa femme pour son chien. La vie à trois devenait insupportable ; il fallait donc que l'infortuné Zéro quittât la maison.

« C'est toujours comme cela ! dit Taulin, avec un gros rire, qui élargit la patte d'oie autour de ses yeux ; c'est toujours comme cela, quand, à nos âges, on épouse des jeunesses. Il vaut encore mieux blanchir ensemble ; ce n'est peut-être pas aussi amusant, mais c'est plus sûr !

— Cela se peut bien ! répliqua Pigault avec un peu de brusquerie ; mais ce qui est fait est fait, et il n'y a plus à y revenir. Il faut donc que le chien s'en aille! Mais, vois-tu, c'est plus fort que moi! en me séparant de lui, je ne cesse pas de l'aimer. C'est bon, c'est affectueux, c'est intelligent, cet animal-là! ça m'est un crève-cœur de le voir, et j'aurais encore plus de chagrin si je le savais malheureux. Je viens te l'offrir! en veux-tu? c'est un cadeau que je fais. Il t'aimera, et te servira comme tu ne l'as jamais été... par un chien.

— Tope-là! dit Tautin, c'est affaire faite. Je l'emmène. Nous allons voir le Sénégal ensemble. La trotte est bonne, et nous aurons le temps de nous accoutumer l'un à l'autre. En revenant, je l'enverrai à Grandcamp, où je ne tarderai pas à m'en aller planter mes choux. Ma femme aime les chiens : comme ça se trouve, dis donc! et si le tien lui témoigne un peu d'amitié, il ne sera pas trop à plaindre chez nous. Tout cela est bien entendu! Maintenant, file ton câble! car si tu restes ici cinq minutes de plus, au lieu d'un passager, j'en emmène deux.

— Je suis parti! mais encore un mot. Je vais le faire descendre à fond de cale. Enferme-le, et ne le laisse remonter sur le pont que quand on ne verra plus la terre; autrement il sauterait par-dessus le bord, et il n'y aurait rien de fait!

— Sois tranquille! je ne le lâcherai que de l'autre côté du Finistère... Mais va-t'en, tonnerre de Brest! le flot baisse d'un mètre par minute; tu vas me faire manquer ma marée. »

Pigault descendit lentement de la passerelle et s'approcha de son chien : « Ici, Zéro! »

Zéro crut qu'on allait repartir. Il se leva comme si un ressort l'eût poussé, et, au risque de tout culbuter autour de lui, mais pourtant sans culbuter rien, il se mit à bondir à droite et à gauche, en avant, en arrière. Pigault calma

Pigault s'arrêta.

toute cette fougue avec un mot et un geste de commandement, et le chien revint auprès de lui, calme, docile, soumis. On eût dit qu'il voulait se faire regretter !

A ce moment, le mari de Lise, que les circonstances contraignaient à se conduire en homme politique, et à ne pas dire toute sa pensée, tira son mouchoir de sa poche, le tortilla serré, en fit une pelote, et, après l'avoir montré à Zéro, le jeta à fond de cale en lui disant : « Apporte ! »

Zéro n'avait pas l'habitude de céder sa part de ces jeux-là. Il se précipita à la suite du mouchoir, sauta sur une pile de sacs, rebondit sur des barils de salaisons, et glissa le bout de son museau entre deux pots de beurre où le mouchoir avait roulé.

Mais, pendant qu'il mettait tant d'ardeur à prouver son intelligente obéissance et sa bonne volonté joyeuse, sur un signe de Pigault, un matelot poussa la planche qui fermait l'écoutille, et Zéro se trouva prisonnier, non point sur parole, mais derrière une bonne et solide clôture. Il ne comprit pas tout d'abord ; mais, se voyant enfermé, il poussa deux ou trois aboiements sonores, comme pour demander qu'on lui ouvrît. Puis, comme on ne lui ouvrit point, il se jeta avec une sorte de rage contre l'obstacle qu'on venait de lui opposer, s'efforçant de le repousser ou de le briser. Hélas ! tout fut inutile. Le navire était solide dans ses détails comme dans son ensemble. Rien ne céda. Zéro comprit qu'il était perdu, et sa douleur s'exhala dans un hurlement lamentable. Ce grand cri, où l'on eût cru reconnaître quelque chose qui ressemblait à l'accent de la voix humaine, frappa l'oreille de Pigault, au moment où, après avoir fait au capitaine de la *Jeune-Alix* un dernier signe d'adieu, il s'élançait sur le quai. Il lui retentit dans l'âme, comme le gémissement suprême d'un ami l'appelant à son secours.

Instinctivement, sans trop se rendre compte de ce qu'il faisait, Pigault s'arrêta. On eût dit que ses pieds le clouaient au sol. Il était évident qu'il hésitait encore ; mais il se fit honte à lui-même de cette faiblesse, et, d'un pas ferme, sans retourner la tête, il reprit le chemin de la Côte de Grâce pour regagner au plus vite les Roches-Blanches où on l'attendait. A peu près à moitié chemin du port et de sa maison se trouvait une petite éclaircie, habilement ménagée entre les arbres, afin de permettre au promeneur de jouir un moment d'une échappée de vue sur la mer.

Pigault s'était arrêté là bien souvent ; il s'y arrêta une fois encore et regarda.

La *Jeune-Alix*, abandonnée par son remorqueur, mais entraînée par le jusant, ses voiles gonflées par un vent favorable, et le cap tourné vers le grand large, devait en ce moment filer ses dix lieues à l'heure.

« A présent tout est fini, se dit le capitaine : Lise va être contente, c'est toujours cela ! Mais moi, je ne le suis pas ! Pauvre bête ! Quel cri, quand elle a senti que je quittais le bord... Ah ! ce cri-là, il me semble que je l'entendrai longtemps... Mille tonnerres ! je ne suis donc plus homme à présent... Voilà que j'ai la larme à l'œil... Est-ce qu'on pleure pour un chien ? »

Pigault tira sa montre et regarda l'heure. Il était midi cinquante. On dînait chez lui à une heure ; il se secoua, passa sa manche sur ses yeux, — le pauvre Zéro ne lui avait pas rapporté son mouchoir, et pour cause, — et il reprit, en hâtant le pas, le chemin de la *Villa des Roches-Blanches*.

VII

Pigault trouva, en rentrant, le couvert mis, la soupe trempée et sa femme qui l'attendait, tout en travaillant dans la salle à manger.

Son premier regard fut pour le coucou, qui marquait une heure et une minute.

« Je crois qu'il avance! dit-il, comme s'il se fût senti en faute, et qu'il eût voulu se défendre, alors même qu'on ne l'attaquait pas.

— Je ne crois pas, répondit Mme Pigault, non sans quelque vivacité; il va comme l'église, qui va elle-même comme l'hôtel de ville, lequel va comme le soleil : il est réglé par un horloger du Havre!

— Le soleil?

— Eh non! le coucou! Mais tu n'es pas en retard. J'ai failli attendre, mais je n'ai pas attendu; c'est le principal. Seulement, ajouta-t-elle, en fixant sur le visage de son mari son œil pâle, singulièrement scrutateur, je voudrais bien savoir où tu as passé ta journée.

— Tu devrais dire : Ta matinée !

— Soit ! je ne chicane pas sur les mots ! Tu es parti après le déjeuner.... et, depuis lors, on n'a plus entendu parler de toi.

— Vrai, je suis resté dehors aussi longtemps que cela ?

— Voilà une réponse qui prouve que le temps ne te paraît pas trop long loin de moi.... Mais cela ne me dit pas ce que tu as fait....

— Ce que j'ai fait ?

— Oui !

— Tiens ! laissons cela ! J'aime autant ne pas en parler ; je voudrais pouvoir l'oublier moi-même.

— Ah ! tu as fait des choses dont tu n'oses pas parler, des choses que tu voudrais oublier ! dit la jeune femme, dont l'œil bleu s'alluma, en laissant voir comme de petites paillettes d'or qui rayaient le saphir pâle de sa prunelle. Prends garde, Jean ! »

Pigault sourit de cette menace qui ne lui faisait pas peur, et se sentit intérieurement flatté. L'homme est si vain, qu'il cherche partout ce qui peut caresser son amour-propre, et il est si habile, qu'il finit toujours par le trouver.

« J'ai embarqué Zéro, dit-il d'un ton bref. La maison est maintenant débarrassée de ton ennemi, et tu auras demain des œufs frais à ton déjeuner... si les poules veulent bien pondre. Tu vois que le procès du criminel n'a pas duré trop longtemps. »

Très charmée de la victoire qu'elle venait de remporter, Mme Pigault fit des frais d'amabilité. Pigault, de son côté, ne laissa point que d'y mettre du sien, et il s'efforça de maintenir la conversation à une certaine hauteur. Mais nous devons avouer qu'il n'y réussit guère ; il écoutait sa femme, et c'était son chien qu'il entendait. Le cri de Zéro, au moment où il avait quitté le bord de la *Jeune-Alix*, lui retentissait encore dans la poitrine.

Tout semblait, du reste, se conjurer pour lui rappeler l'exilé.

Chaque fois que l'on ouvrait la porte de la cuisine, et qu'il apercevait, sur le tapis que l'on n'avait pas encore enlevé, la place inoccupée, il éprouvait quelque chose comme un vague malaise. Le nom du pauvre animal ne fut pas prononcé une seule fois par lui; mais, s'il n'en parlait point, il y pensait.

Lise, qui, au fond, et ses emportements mis à part, n'était pas une mauvaise femme, et qui d'ailleurs avait une sincère affection pour son mari, ne put fermer les yeux sur son chagrin; elle commença par s'en irriter, lui reprochant tout bas de tant s'attacher à une bête quand il avait une femme; mais, quand elle vit que cette tristesse augmentait, sans que pour cela son humeur s'altérât, ou qu'il cessât d'avoir pour elle les mêmes prévenances délicates et les mêmes attentions gracieuses, elle éprouva quelque chose qui pouvait ressembler à un remords.

Elle se reprochait d'avoir privé cet homme excellent d'un compagnon auquel il avait tant de raisons d'être attaché.

Le capitaine ne tarda point à ressentir le contre-coup de ce qui se passait en elle, et, en voyant sa femme d'humeur plus égale et plus douce, il y eut des moments où nous sommes bien obligé de l'avouer, il oublia complètement son chien !

Mais, souvent aussi, ce souvenir lui revenait tout à coup, avec une vivacité singulière. Il se demandait alors où était ce pauvre Zéro; ce qu'il était devenu; comment on le traitait; s'il était bien malheureux; et (lecteur, vous ne rirez pas si vous avez un chien !) s'il pensait encore à lui. Il avait beau vouloir cacher cette préoccupation à Mme Pigault, il y avait des moments où, malgré ses efforts, elle perçait et se faisait jour sur son visage.

Dans la crainte de rouvrir cette blessure profonde et qui saignait toujours, Lise ne parlait jamais de Zéro; mais, chose étrange! elle en était arrivée à y penser presque autant que son mari.

« J'irai à Cherbourg dans six mois, se disait le capitaine, pour arrêter mon règlement de compte avec les Sorel ; je prendrai terre à Isigny, et je tirerai une bordée jusqu'à Grandcamp... pour le revoir. »

Pour peu que l'ami Tautin se fût piqué d'exactitude, Pigault était certain de recevoir bientôt la lettre, si impatiemment attendue, qu'il lui avait promise.

Un beau jour, elle vint, en effet, par le courrier du matin, que l'on distribuait sur la Côte de Grâce à peu près à l'heure du premier repas. Il n'eut pas besoin de regarder l'adresse à deux fois pour reconnaître la bonne grosse écriture du capitaine Tautin. Le timbre de Saint-Louis disait que les passagers avaient atteint leur destination. Il la mit dans sa poche, pour la lire tranquillement un peu plus tard, quand il serait sûr que personne ne viendrait l'interrompre ou le troubler. Lise n'avait pas aperçu le facteur.

Le capitaine resta encore quelques minutes à causer indifféremment de choses et d'autres avec sa femme, puis il alluma sa pipe, et il alla fumer au grand air, ce qui lui arrivait du reste assez souvent après ses repas.

Quand il eut parcouru à peu près la moitié de la Côte de Grâce, il entra sous le couvert de la haute futaie, en se dirigeant du côté de la mer. Il gagna le banc rustique, fait d'un quartier de roche, couvert de mousse, où il était déjà venu s'asseoir pour suivre des yeux la *Jeune-Alix*, le jour où elle avait emporté Zéro.

Certain maintenant d'être tranquille et sans témoins, il ouvrit sa lettre avec une hâte fiévreuse.

Pigault ouvrit la lettre.

Tautin, qui n'était pas un phraseur, lui écrivait :

« Mon bon vieux !

» Je mets la main à la plume pour te coucher ces quelques mots par écrit, ainsi que tu me l'as demandé; tu peux m'en savoir gré, je t'assure, car les lettres ne sont pas mon fait. Excepté à ma bourgeoise, et encore pas bien souvent, je n'écris guère que sur mon livre de bord. Mais ce qui est dit est dit; j'ai promis et je tiens !

» Il faut primo que tu saches que, tant que nous avons été dans la Manche, et qu'il a senti la terre normande, le malheureux Zéro n'a fait que pleurer, crier, geindre et se lamenter, que ça fendait le cœur de tous mes matelots, qui ne l'ont pourtant pas tendre. Espérant que ça le ferait taire, je lui ai envoyé sa ration à la même heure qu'aux hommes; mais il n'a voulu ni boire ni manger. Le soir venu, il s'est fait un peu d'accalmie dans cette tempête, probablement parce que, après avoir donné tant de voix, il ne lui en restait plus dans la gorge. Quand j'ai vu que la musique cessait, je suis descendu, à seule fin de lui parler de toi; je suis bien certain qu'il m'a compris, car, en entendant prononcer ton nom, il a tourné de l'œil et frétillé de la queue, ce qui, chez le chien, est toujours signe de quelque chose.

» En remontant, j'ai laissé l'écoutille ouverte, pour lui donner de l'air. Il a bondi comme un diable en caoutchouc, m'échappant des mains, et me filant entre les jambes, si vite que je ne m'en suis aperçu qu'après ! Il a fait deux ou trois fois le tour du pont, comme s'il avait eu le feu quelque part. J'ai eu peur un moment qu'il ne piquât une tête par-dessus le bord, tant il était affolé. Ne te trouvant pas, — il était bien évident que c'était toi qu'il cherchait, — il s'est mis à aller et venir comme un fou, se jetant dans les jambes d'un chacun. Enfin, il s'est trouvé acculé dans un coin ; on en a profité pour passer une corde dans l'anneau de son collier, et je l'ai confié à un mousse, avec défense de le lâcher une seconde. Le gamin avait beau faire, s'arc-bouter sur ses reins, se pencher en arrière, se retenir aux mâts, il en avait toujours plein la main, tant l'autre tirait sur la corde.

» J'ai dit qu'on le laissât faire un peu, pour voir.

» A ce moment-là, nous allions vent arrière, filant nos douze nœuds, le cap au grand large. Mais le gredin n'a pas perdu le nord ; il a piqué, raide comme balle, du côté du gouvernail, s'est levé tout debout, a posé ses pattes sur le bordage, si fermes qu'on aurait dit qu'elles y étaient rivées, le nez droit sur la côte normande, qu'on ne voyait pourtant plus, et reniflant l'air qui venait de chez toi. Bientôt la lame a grossi, et nous avons commencé à embarquer des paquets de mer. L'eau lui sautait chaque fois à la figure et le trempait comme une soupe. On le rappelait; impossible de lui faire rien entendre. Il trouvait sans doute que c'était là sa place, car on avait beau le tirer en arrière, il y retournait toujours, en poussant de temps à autre de petits jappements plaintifs.

» Quand nous nous sommes trouvés dans le golfe de Gascogne, où notre coquille de noix sautait sur le dos de ces grandes vagues qui viennent tout exprès d'Amérique sans se déranger de leur ligne, pour mieux nous secouer le tempérament, il a commencé à comprendre qu'il perdait son temps, et que tu n'allais pas te mettre à marcher sur les eaux comme Notre-Seigneur pour venir le trouver. Nous avions d'ailleurs tant de fois viré de bord sous le vent, que j'ai dans l'idée qu'il lui aurait été difficile, si malin qu'il soit, de trouver Honfleur sur la carte. Il a donc quitté son poste, et il est allé se coucher au pied du grand mât, ton mouchoir dans les dents, pour avoir encore quelque chose de toi, voire même qu'il a failli dévorer un mousse qui voulait le lui prendre. Là, il s'est tenu tranquille, et n'a plus rien dit à personne.

» Mes hommes, qui ne sont pas des brutes, se sont laissé empoigner par la douleur de ce pauvre animal; ils en ont eu comme une pitié, et se sont mis à le gâter à qui mieux mieux. S'il les avait écoutés, il serait mort d'indigestion au bout de huit jours ; mais on aurait dit vraiment qu'il ne voulait mourir que de chagrin. Il faut que les animaux aient aussi parfois leurs idées ! Au lieu de s'emporter sur la nourriture, comme l'auraient fait bien des gens, ton chien n'en prenait que juste ce qui lui fallait pour se soutenir. Il voyait bien que tout le monde voulait être bon avec lui ; mais, sans faire pour cela le dédaigneux, il avait toujours l'air de quelqu'un à qui c'est bien égal. On le caressait : il se laissait faire ; mais lui-même ne rendait la politesse à personne, et, au lieu que cela lui fît du tort, on lui en savait plutôt gré. On aurait été fâché qu'il ne fût pas comme cela ! Les matelots disaient entre eux que, pour toutes les choses du bon cœur, ce chien-là en remontrerait à bien des chrétiens baptisés. On se souviendra longtemps de lui à bord de la *Jeune-Alix*.

» Nous sommes arrivés à Saint-Louis sans avaries, tout l'équipage en bonne santé. Zéro s'était beaucoup ennuyé pendant la traversée, dans ces derniers temps : il avait beaucoup dormi et souvent aboyé en dormant, ce qui me ferait croire qu'il a beaucoup rêvé. Il a paru heureux de se revoir sur le plancher des vaches, qui est aussi celui des chiens. Il a fait trois ou quatre bonds sur la terre solide, comme pour en prendre possession ; puis il s'est mis à courir en jappant et en flairant le sol comme pour y chercher ta trace. Je ne te dis pas ça pour te faire de la peine, mon vieux copain, mais uniquement parce que c'est la vraie vérité : tu avais là un chien qui t'aimait bien !

» Mais ça ne devait pas s'arrêter là ! cet effronté a fait en plein port une chose que les chiens font bien rarement, et qui prouve qu'il a un fier toupet. Il est entré dans plus de dix bateaux, sautant par-dessus le bord quand ils étaient à

L'eau lui sautait jusqu'à la figure.

quai, et, au besoin, se risquant sur les passerelles comme un vrai mousse, quand il fallait enjamber pour aller de l'un à l'autre. Je crois qu'on n'avait encore jamais vu cela. Il te cherchait partout, furetant dans tous les coins. Quand il était bien certain que tu n'étais nulle part, il regagnait le pont de la *Jeune-Alix* pour recevoir sa pâtée et se reposer un peu. Après quoi, il recommençait ses courses comme un vrai dératé.

» Tu sais qu'une fois à terre les matelots ont la langue bien pendue. Les miens, sous ce rapport, ne cèdent leur part à personne. En quelques jours, l'histoire de Zéro a fait le tour du port ; elle a même gagné la ville. Ton chien est maintenant connu à Saint-Louis comme le loup blanc. J'ajoute qu'il est considéré, recherché, aimé partout. Un capitaine anglais m'en a offert une somme ; il la doublera si je veux, car il s'allume sur la bête. Il dit que si le chien est jamais à lui, il en fera son ami intime, et que, lorsqu'il mourra, il lui élèvera un tombeau, avec une inscription en lettres d'or, en anglais et en français.

— En hollandais aussi, mylord, que je lui ai dit, si vous voulez être sûr qu'il comprenne ! Le hollandais, c'est sa langue maternelle et il n'en a jamais bien parlé d'autre.

» Tout cela me fait craindre un malheur. Les matelots, sans leur faire de tort, sont un peu chapardeurs, comme les soldats. Parmi ces hommes de toutes les nations, il peut bien s'en rencontrer quelques-uns qui ne demanderaient pas mieux que de s'approprier le bien d'autrui.

» J'ai paré la chose de mon mieux, en faisant quitter le port à Zéro. Je l'ai emmené dans l'intérieur de la ville, à l'hôtel des *Deux-Pôles* où je loge quelquefois, et que tu connais parbleu bien ! car nous y avons fait ensemble plus d'un bon dîner. Le chien du patron était mort : un grand danois, moucheté de noir et de blanc, qui courait si bien devant sa voiture ! Zéro a hérité de sa niche. Je l'enchaîne quand je sors. Lorsque je suis seul à l'hôtel, il reste dans ma chambre, où il se plaît mieux. Mais il est si malin que, si je tarde trop, il parvient toujours à se débarrasser ou de la chaîne ou du collier. Il fait tout ce qu'il veut de ses pattes ; un singe n'est pas plus adroit de ses mains. Nous sommes déjà bons amis, parce qu'il a du cœur, et qu'il sent que je l'aime bien. Mais tu n'as rien à craindre ! je vois déjà que ce ne sera jamais la même chose qu'avec toi. Il y a des moments où il me regarde comme s'il voulait me demander de tes nouvelles. N'en ayant pas, il m'est bien impossible de lui en donner. Je me contente donc de lui parler de toi, et je vois que ça lui fait toujours plaisir.

» J'ai livré mon chargement sans perte ni déchet ; mais, comme je ne tiens pas à revenir sur lest, je m'occupe d'un petit fret que l'on me fait espérer, et que je tâcherai d'avoir aux meilleures conditions possibles. Il s'agit de bois de couleur pour Caen et pour Cherbourg. Cela m'irait assez, à cause du voisinage de la maison, que, dans ce cas, je ne quitterai plus, car j'ai de vieilles douleurs qui commencent à m'avertir que l'heure de la retraite va bientôt sonner pour moi. Si les choses tournent comme je le souhaite, je serai à Grandcamp dans deux mois. Tu pourras y venir voir ton chien et ton ami.

» Jacques TAUTIN,
» Capitaine au long cours. »

« P.-S. — Vingt mille sabords ! cette lettre était écrite depuis deux jours, prête à partir par le courrier de ce soir.

Je rentre ; je vais à la niche pour voir Zéro, car je suis plus bête que lui, et j'ai fini par ne plus pouvoir m'en passer ! Plus de chien ! ni vu ni connu ! Je m'informe. Les gens de l'hôtel ne peuvent rien me dire. C'est toujours comme cela ! Je ne sais que faire ! Je me donne au diable, qui ne veut pas de moi. Je cours au bateau : Zéro n'y est pas, et il n'y est pas venu ! Mais le mousse, qui a plus de malice qu'il n'est gros, prétend qu'il l'a vu passer se dirigeant vers l'avant-port. Je veux en avoir le cœur net, et je m'y rends pour me renseigner.

» J'ai là quelques amis, un entre autres, Auzoufe (du Havre), surveillant du grand bassin, qui est venu plusieurs fois à bord de la *Jeune-Alix*, et qui connaît Zéro. Je l'interroge ; il est bien persuadé qu'il a vu, en effet, passer ton chien, mon chien, notre chien ! suivant un matelot appartenant à l'équipage des *Deux-Amis*, un sloop de Dieppe, capitaine Franqueville, qui a fait l'an passé trois voyages à Honfleur, et qui était depuis deux jours en partance pour Marseille.

» Il paraît que Zéro n'avait l'air ni contraint ni forcé, le gueux ! bien loin de là ! il marchait sur les talons du matelot, comme s'il avait suivi son maître.

» Cela m'a donné un coup !

» Si c'était, en effet, le Hollandais, son ancien patron, Zéro serait perdu pour nous ! me suis-je dit ; mais rien n'est plus facile à savoir. Je vais aller trouver Franqueville et lui demander des renseignements. Entre capitaines, on se rend bien ces services-là !

» Mais quand le malheur nous entreprend, il ne fait pas les choses à moitié ! Le sloop avait déjà levé l'ancre ; il était parti depuis une heure, faisant, comme on l'avait dit, voile pour Marseille, avec escale à Cadix et à Gibraltar.... Tout cela m'a chiffonné, je ne m'en cache pas ; je commençais à aimer le poil de la bête, et je sens que ce pauvre Zéro va me faire faute. Quant à toi, t'en voilà débarrassé.... si je ne me trompe, c'est à cela que tu tenais le plus ! Excuse-moi si je n'ai pas fait mieux, et sois bien certain que j'ai fait du moins ce que j'ai pu.

» Saint-Louis du Sénégal, 12 mai 1878. »

VIII

Le capitaine Pigault, qui avait dévoré cette lettre en un clin d'œil, en reprit ensuite la lecture, lentement, phrase par phrase, ligne par ligne, et presque mot par mot ! puis il la laissa tout ouverte sur ses genoux, hocha la tête à deux ou trois reprises, et dit à demi-voix :

« Du moment où je l'avais renvoyé de la maison, cela devait finir ainsi ! »

A ce moment un léger bruit de feuilles froissées et de branches écartées derrière lui, et des pas qui se rapprochaient, lui firent tourner la tête. Il se trouva face à face avec sa femme.

« Toi ici ! dit-il doucement.

— De qui est cette lettre ? demanda la jolie créature, dont les sourcils se froncèrent subitement.

— Elle est de Zéro ! dit Jean Pigault, tout à sa pensée.

— Ah ! Zéro écrit donc, à présent ? répondit Lise avec un mouvement d'épaules.

— Je voulais dire du capitaine Tautin, à qui je l'avais donné....

— Et qui t'envoie de ses nouvelles?

— Précisément! Mais toi-même, par quel hasard es-tu ici?

— C'est bien simple dit Lise qui tout à coup était redevenue fort douce, et qui venait de s'asseoir sur le banc rustique, à côté de son mari. Tu es sorti ce matin un peu plus tôt que d'habitude, à ce qu'il m'a semblé ; je t'ai vu marcher vite; tu avais l'air préoccupé: j'ai cru qu'il y avait quelque malheur dans l'air, et je t'ai suivi....

— Pas tant de malheur que cela ! fit Pigault avec sécheresse; Tautin a perdu Zéro, voilà tout ! »

Lise aurait pu répondre à son mari que, du moment où il ne l'avait plus, peu lui importait que son chien fût à celui-ci ou à celui-là; mais elle n'osa point, tant il paraissait contrarié. Elle prit donc, sans rien répliquer, la lettre que Pigault lui tendait, et elle la lut tout bas.

« C'est bien malheureux ! dit-elle, en la lui rendant, avec une certaine émotion. Qui aurait pu prévoir cela?

— On ne prévoit jamais! » dit Jean Pigault, sans la regarder.

Trois ou quatre mois se passèrent, et l'automne jaunit de nouveau les feuilles des hêtres, des platanes et des ormeaux qui décorent les belles pentes de la Côte de Grâce, sans qu'aucun incident vînt égayer ou attrister la vie un peu monotone, mais calme, et, à tout prendre, assez heureuse des deux époux. Pas une seule fois le nom de Zéro n'avait été prononcé par l'un ou par l'autre. Si le capitaine gardait du passé un souvenir pénible, il avait du moins la discrétion de n'en jamais rien laisser voir. Quant à la jeune femme, comme si elle eût eu à cœur de lui faire oublier les ennuis dont elle avait été la cause, et qu'elle n'avait pas prévus si grands, elle se montrait avec le capitaine pleine de gentillesse et de grâce. Il y avait là un changement, je dirais volontiers une conversion morale, qu'il eût été injuste de méconnaître. Il suffisait qu'elle pût croire qu'une chose était agréable à son mari pour qu'elle s'empressât de la faire. Pigault avait perdu un chien, mais il avait trouvé une femme. Peut-être, parmi nos lecteurs, s'en rencontrera-t-il qui ne le plaindront pas. Lui-même ne se plaignait point.

Seulement il se demandait parfois ce que Zéro était

Elle lut la lettre

devenu ; et, dans ces moments-là, une ombre assombrissait son front. Mais il essayait de chasser loin de lui cette pensée importune, et se reprochait à lui-même ce qu'il appelait une faiblesse indigne d'un homme. Lise devinait alors ce qui se passait en lui, et elle restait triste jusqu'à la fin de la journée.

Cependant elle s'occupait de sa maison comme la meilleure des ménagères, et l'on pouvait dire qu'il n'y avait pas dans tout Honfleur un intérieur mieux tenu que le sien. Sans avoir une grande fortune, à force d'ordre et d'économie, par un judicieux emploi de ses ressources modestes, elle arrivait à le faire mieux vivre que la plupart des riches bourgeois de la ville. Il ne faut pas croire que tous les hommes soient indifférents à ces mérites-là chez mesdames leurs épouses. Mais que de peines la brave petite femme se donnait pour obtenir ces résultats ! Les jours de marché, par exemple, elle se levait avec l'aurore, et suivie de Jeanneton, qui portait le panier, elle achetait de première main ce que les paysannes apportaient de meilleur au chef-lieu de canton.

Un certain samedi, qu'elles revenaient ainsi toutes deux, avec une foule de bonnes choses, et charmées de faire des gâteries au capitaine, qui dormait encore, Lise, qui marchait la première, aperçut devant sa porte, couchée en travers, une forme étrange, dont tout d'abord, et à première vue, elle ne distingua point la nature. On eût dit d'une masse sombre, comme d'un tas de poils noirs et gris, qui ne remuait pas.

Elle recula, avec un sentiment de crainte plus instinctif que justifié, — car cette chose sans nom semblait inoffensive, — et elle appela sa bonne.

« Jeanneton, Jeanneton ! qu'est-ce que cela peut bien être ? regardez donc ! »

Jeanneton, fille des champs, robuste et hardie, passa devant sa maîtresse, qui venait de faire deux pas de retraite, et toucha du pied l'objet inconnu. On entendit un murmure plaintif, comme un gémissement. Puis lentement, péniblement, la chose se souleva, accentua ses lignes, et les deux femmes virent devant elles un chien.

« Dieu ! Madame, mais c'est Zéro ! » s'écria Jeanneton qui, dans son saisissement, faillit laisser tomber le panier aux provisions.

C'est Zéro! s'écria Jeanneton.

Zéro, car en effet c'était bien lui, Zéro, en entendant prononcer son nom, remua doucement la queue, comme pour faire voir qu'il avait compris ce que Jeanneton venait de dire. Mais, en reconnaissant Mme Pigault, le pauvre animal se ressouvint, hélas! que la maîtresse de la maison ne l'aimait pas, et timide comme les malheureux, portant bas l'oreille, sans se plaindre, mais en lui jetant un regard navré, qui semblait demander grâce, il se traîna lentement, péniblement de l'autre côté de la route, et se coucha au bord du fossé, les yeux fixés sur ce logis dans lequel peut-être il ne rentrerait jamais, mais au seuil duquel il était revenu mourir.

« Ah! madame, dit Jeanneton, dont le cœur était compatissant et l'âme tendre sous sa rude enveloppe, voyez comme il est maigre! ses os crèvent sa peau!

— Oui, dit Lise, on voit qu'il a souffert. Puis elle ajouta Je n'aurais pas cru que cela pût me faire autant de peine! »

Le regard de l'infortuné, si craintif et si douloureux, plus éloquent qu'aucune parole humaine, entrait comme un aiguillon dans le cœur de la jeune femme, où il enfonçait la pointe du remords.

« Faut-il que j'aie été mauvaise, pensa-t-elle, pour qu'il ait si peur de moi! »

Elle l'appela.

Zéro se souleva comme pour aller à elle; mais, comme s'il n'avait pas cru que ce fût vrai, il se recoucha à la même place. La jeune femme comprit ce qui se passait en lui.

« Allons! dit-elle d'une voix affectueuse et bonne, je vais à toi, puisque tu ne veux pas venir à moi! »

Elle traversa rapidement la route. Zéro se rasa contre

terre, craintif. Mais elle, pour le rassurer, prit dans ses deux petites mains cette grosse tête, qui n'était pas devenue plus belle en voyageant, mais qui était toujours restée si intelligente, et elle la flatta, la caressa, en donnant les plus doux noms à celui qui n'avait jamais reçu d'elle que de dures rebuffades, et qui n'avait connu que ses dédains.

Le changement était si grand que, tout d'abord, Zéro, rendu défiant par l'expérience amère de la vie, n'y voulut pas croire. Il regarda son ancienne maîtresse à deux fois, comme pour s'assurer qu'elle ne le trompait pas.

Peu à peu cependant il se laissa convaincre, et, tout reconnaissant, il lui lécha les mains, et la regarda avec des yeux qui la remerciaient et qui lui disaient clairement :

« C'est bien vrai, n'est-ce pas? Tu ne voudrais pas tromper un pauvre chien qui ne t'a jamais fait de mal? »

Jeanneton cependant venait d'ouvrir la porte de la cuisine, et Zéro se sentait de furieuses envies d'entrer. Mais il hésitait encore, et, toujours immobile à la même place, il regardait l'intérieur brillant de cette maison où il avait jadis été si heureux, et dont on l'avait si cruellement chassé.

« Allons! viens! » lui dit Mme Pigault, qui devinait toute sa pensée, et qui voulait se faire pardonner ses torts.

Elle entra : il la suivit.

Mais il était tellement épuisé par la fatigue et le besoin, qu'à peine arrivé dans la cuisine, il se coucha sur la première dalle, comme s'il n'avait pas eu la force d'aller plus loin ni de se tenir debout.

« Il meurt de faim! » dit la compatissante Jeanneton.

Lise prit la tourte, et, elle-même, coupa une tranche de pain, épaisse et large, et la divisa en très petits morceaux qu'elle lui donna l'un après l'autre.... L'affamé n'en faisait qu'une bouchée. Ils disparaissaient comme si on les eût jetés dans un gouffre. Il aurait dévoré la miche tout entière, et Lise était si contente du plaisir qu'elle lui faisait, qu'il n'aurait pas fallu la prier beaucoup pour qu'elle la lui donnât.

« C'est assez, madame! dit la prudente cuisinière. Il ne faut pas qu'il mange trop, après un si long jeûne. Ce serait capable de lui donner une indigestion.... Je lui ferai une bonne soupe tantôt. »

Cependant Zéro, le cri de l'estomac apaisé, se souvint qu'il avait un cœur. Il promena autour de lui des yeux qui cherchaient partout, et ce qu'ils cherchaient, on le savait bien!

Il alla flairer les habits du capitaine que Jeanneton, la veille au soir, avait déposés sur une chaise tout près de la cheminée, et son odorat si fin ne le trompa point sur leur provenance.

Certain désormais de la présence de son maître, il regarda tour à tour Lise et l'escalier qui conduisait à la chambre de Jean Pigault, comme s'il avait voulu lui demander la permission de monter.

« Ah! madame, fit Jeanneton, en joignant les mains, que Monsieur va donc être content, lui qui avait tant de chagrin!

— Oui! bien content! et je ne veux pas retarder son bonheur... la joie ne fait pas toujours peur! Allez ouvrir doucement la porte de la chambre : c'est Zéro qui va le réveiller. »

Zéro avait écouté tout ce dialogue avec une telle attention que l'on eût dit vraiment qu'il en comprenait le sens. Il monta lentement derrière la bonne; mais à peine eut-elle ouvert la porte, qu'il se jeta dans ses jupons, au risque de s'y empêtrer et de la culbuter, et il se précipita dans la chambre.

Il vit son maître, bondit vers le lit, et tomba comme une masse sur la poitrine du dormeur. Jamais, on peut le dire, homme ne fut réveillé plus brusquement.

Le capitaine poussa un léger cri, avant même d'ouvrir les yeux, et le chien, qui craignit sans doute de lui avoir fait du mal, redescendit du lit aussi vite qu'il y était monté. Jean Pigault, cependant, complètement réveillé, regarda autour de lui, et voyant dans sa chambre celui qu'il croyait à l'autre bout du monde, il se demanda s'il ne dormait point encore. Mais Zéro, sautant pour la seconde fois sur son lit, put le convaincre par la réalité de son poids de la vérité de sa présence. La folle ardeur de sa joie acheva victorieusement la démonstration. Quel autre que ce pauvre Zéro l'aurait donc tant aimé et se serait livré à de tels transports en le revoyant? On ne rencontre pas deux chiens comme celui-là dans sa vie.

Le capitaine enfonça ses deux mains dans la crinière emmêlée de Zéro, qui, depuis quelques jours, avait assez visiblement négligé les soins de sa toilette, et le regardant fixement dans les yeux :

« Oui, c'est bien toi, lui dit-il enfin, tu n'es pas plus beau qu'autrefois, mais tu as toujours l'air aussi bon.... Ah! d'où viens-tu, comme cela? »

Zéro eût bien voulu répondre à toutes ces questions, mais Jean Pigault les lui faisait en français, et le chien de Norkind Van der Tromp ne parlait aucune autre langue que le bas-allemand : c'est ainsi qu'à Berlin on appelle le hollandais. Il dut donc se contenter de lécher les mains de son maître, et de le regarder avec toute la tendresse qu'il est permis à un chien d'exprimer par signes.

Mme Pigault eut la délicatesse de ne pas monter tout d'abord. Elle ne voulait point troubler par une présence importune le plaisir que les deux amis éprouvaient à se retrouver ensemble. Mais, au bout d'un moment, craignant qu'une plus longue abstention n'eût quelque chose d'affecté, elle entra, souriante et gaie, et d'une gaieté très sincère, en femme heureuse du bonheur de son mari.

Le capitaine, en l'apercevant, remarqua pour la première fois que Zéro était monté sur le lit et qu'il n'avait pas pris un bain de pieds ce matin-là. Aussi, pour éviter un orage qui pouvait assombrir si tristement les premières heures du retour et du revoir :

« Veux-tu bien descendre, malheureux ! dit-il, en prenant le chien par la peau du cou ; tu ne vois donc pas que nous avons des draps blancs d'hier ?

— Laisse-le, va ! dit Lise, involontairement attendrie ; vous êtes si contents tous deux que cela vaut bien un blanchissage. »

Ces paroles contrastaient si fort avec la première manière de sa femme, que le capitaine, enchanté mais non moins surpris, la regarda à deux fois, pour s'assurer qu'elle était sincère.

Lise comprit ce regard, et, répondant à ce que son mari pensait mais ne disait pas :

« C'est moi qui l'ai retrouvé et qui te l'ai envoyé ! fit-elle ; ne t'occupe donc pas de ces misères-là... Je ne veux pas qu'elles troublent notre bonheur à tous trois !

— A tous trois ! dis-tu vrai ? demanda le capitaine, qui n'en pouvait croire ses oreilles.

— Oui, à tous trois! répéta Mme Pigault avec une certaine fermeté. J'ai été bien dure parfois pour ce pauvre chien, ajouta-t-elle, en passant sa jolie main blanche et fine sur la tête de Zéro, qui ne s'était jamais vu à pareille fête... Mais, que veux-tu, mon ami? ce n'est pas ma faute! je trouvais que tu t'en occupais trop!

— Chère enfant! certainement que j'aime bien cette pauvre bête! mais cette affection peut-elle se comparer à celle que j'ai pour toi? »

Les jolies joues de marbre blanc de Mme Pigault prirent une teinte rosée, et ses yeux bleus se relevèrent sur son mari, puis se baissèrent de nouveau.

« S'il faut tout dire, continua Lise, autrefois je ne le trouvais pas beau; à présent, il me semble superbe!

— Ce qui prouve que l'amour est aveugle! fit le capitaine, en riant de son large rire, car le pauvre diable est plus laid que jamais!

— Enfin, s'il me paraît beau, à moi, tu n'y peux rien, j'imagine! Je ne suis pas une mauvaise, va! poursuivit la jeune femme, et tu sais que j'ai de l'affection pour toi, mon cher Jean!... Aussi, quand j'ai été bien certaine que tu ne me préférais pas ce pauvre toutou...

— Encore, Lisette!

— Et que tu avais bien voulu le renvoyer à cause de moi, vrai! cela m'a changé tout à fait les idées!... Je m'en suis voulu de l'avoir fait chasser de la maison pour une couple d'œufs... d'autant plus que ceux de l'épicier ne sont pas si mauvais que cela!... Puis, quand j'ai été témoin de la peine que te faisait son absence, quand j'ai vu avec quelle douceur tu portais ton chagrin, évitant même de me le faire voir, j'ai eu de véritables remords... Vrai! si j'avais su où le trouver, je serais allée le chercher moi-même, et je te l'aurais ramené par l'oreille... Et, maintenant qu'il nous est rendu, tu peux être bien certain que je ne lui ferai plus jamais de misères... Je veux qu'il m'aime aussi, moi! Crois-tu qu'il voudra bien?

— Il t'adorera! garde-toi d'en douter! fit Pigault en riant; je suis sûr, à présent, que c'est moi qui vais être jaloux!

— Alors, nous allons mener une bonne petite vie tous ensemble! » dit Lise en frappant joyeusement ses deux mains mignonnes l'une contre l'autre!

Elle avait dit vrai. Rien ne gâta plus les joies innocentes, rien ne troubla désormais la paix heureuse de ce trio d'amis. Zéro, qui n'avait pâti que pendant quelques jours, reprit bien vite son embonpoint respectable, et par son affection, sa gentillesse et son intelligence, il fit le bonheur des deux époux, qu'il aima à peu près également. Il affectait même parfois une certaine préférence pour Madame ; mais on a tout lieu de croire que ce n'était là qu'une simple galanterie, car il glissait parfois du côté du mari un regard très fin, qui lui disait clairement :

« N'en crois rien! tu sais qu'au fond c'est toujours toi que j'aime le mieux ; mais il faut flatter un peu les femmes! »

Jean Pigault trouvait que son chien avait raison, et n'avait garde de se plaindre.

IX

Cependant le retour du chien perdu dans la *Villa des Roches-Blanches* prit bientôt les proportions d'un évènement, non seulement à Honfleur, mais dans les environs. Le bruit en fut répandu avec zèle par Jeanneton, qui ne semblait pas avoir moins d'affection que ses maîtres pour l'intelligent animal qui faisait si bien ses commissions.

L'honnête cuisinière, qui n'était que de seconde force en géographie, disait partout qu'il était revenu du Sénégal *à la nage*. « A preuve, ajoutait-elle, qu'il était encore tout mouillé quand nous l'avons trouvé à la porte, Madame et moi! »

Je dois ajouter que cette version ne fut pas admise par les matelots, qui, vu la distance et la difficulté de se procurer des vivres en route, n'ont jamais cru à la possibilité d'un tel exploit.

On n'en mit pas moins d'empressement à venir voir le héros d'une si étrange aventure. Pendant plus de huit jours, la villa ne désemplit pas de visiteurs. On se doute bien que les questions ne tarissaient point. On demandait le comment et le pourquoi de la chose. D'où venait-il ? Qui l'avait ramené? Était-il bien possible qu'il eût retrouvé sa route tout seul?

Pigault répondait invariablement :

« Ne me demandez rien, car je ne sais rien ! Il était parti; il est revenu, et nous en sommes charmés : voilà tout ce que je puis vous dire. Comment cela s'est-il fait ? Vous seriez bien aimable de me l'apprendre..., car je n'y ai rien compris moi-même, et j'aurais grand besoin que l'on prît la peine de me donner quelques explications. »

Ces explications, le maître de Zéro les obtint quand déjà il ne les espérait plus.

Un jour qu'il se promenait sur le quai avec son chien fidèle, qui maintenant ne le quittait pas plus que son ombre, il se croisa, près du petit phare, avec Pierre Pâris, capitaine de l'*Utile*, une jolie goélette qui avait pour port d'attache le petit bassin d'Isigny, sur la rivière d'Aure, à l'est de la baie des Veys.

Zéro alla droit à lui, et, sans l'accabler de démonstrations exagérées, il lui fit du moins quelques politesses à sa façon.

Les deux hommes de mer n'étaient pas étrangers l'un à l'autre, et ils avaient plus d'une fois pris ensemble, dans de bons endroits, le café, le *gloria*, la rincette et le pousse-café.

Ils s'abordèrent.

« Vous connaissez donc mon chien...? fit Pigault à Pâris, après lui avoir donné la main.

— Un peu !... c'est-à-dire que je le connais sans le connaître... Mais je ne savais pas qu'il fût à vous, sans quoi je vous l'aurais renvoyé moi-même.

— Merci! mais vous voyez que c'était inutile; il est bien revenu tout seul! fit Jean Pigault en riant, et de loin encore! je vous en donne mon billet. Mais faites-moi l'amitié de me dire où vous l'avez rencontré...

— C'est une bien drôle d'histoire! Imaginez-vous qu'il y a environ six semaines j'étais à Marseille, où je venais de déposer un chargement de beurre, à la marque de Michel Levigoureux, quand je rencontre, sur le quai de la Joliette,

Les questions ne tarissaient point.

le second du sloop *les Deux-Amis*, qui arrivait du Sénégal. Votre chien le suivait. Il avait la tête basse et l'air mélancolique d'un monsieur qui ne s'amuse pas. Nous allâmes, le second et moi, prendre un mêlé-cassis au café de l'Orient. Le chien vint avec nous, bien entendu. Arrivé là, il s'assit sur son derrière, en nous regardant d'un air qui semblait dire :

« Ah çà! vous autres, est-ce que, par hasard, vous en avez pour longtemps? Moi, je voudrais bien m'en aller. »

« Il me parut si drôle avec sa mine renfrognée, que je lui

donnai un morceau de sucre. Alors, doucement, il vint poser sa tête sur mon genou. Il me sembla que c'était une manière comme une autre de me dire : *Merci!*...

— C'est à vous, ce chien-là? que je demandai au second.

— C'est à moi et pas à moi! qu'il me répond. Il appartient à tout le monde et à personne...

— Comment cela?

— La chose est bien simple! Le jour même où nous partions du Sénégal, il avait suivi, sans qu'on ait trop su pourquoi, un matelot de Honfleur, qui était timonier en second à bord des *Deux-Amis*. Les *Deux-Amis*, c'est mon bateau. Le timonier, qui aimait les bêtes, demanda à l'emmener, ce qu'on ne lui refusa pas. Mais le pauvre diable est mort en route, par le travers de Gibraltar. Alors le chien sans maître est devenu comme qui dirait le chien de l'équipage; il est aimé de tout le monde, parce qu'il a bon caractère. Quant à lui, on voit bien qu'il n'a guère de préférences : il va comme ça se trouve, tantôt avec l'un, tantôt avec l'autre, le nez au vent, l'oreille aux écoutes, l'œil au guet. Il est certain qu'il cherche quelqu'un, mais que ce quelqu'un-là il ne le trouve pas. Je n'ai jamais vu un chien dévisager comme cela les nouveaux venus. Mais assez causé, capitaine! nous partons demain pour Oran; je n'ai pas une minute à perdre... Enchanté de vous avoir revu. »

» Le second des *Deux-Amis* s'en alla. Le chien le suivit, ou du moins il en eut l'air; mais il était aisé de voir qu'il n'y mettait pas beaucoup de zèle. Une heure après, je rentre à mon bord. Je me retourne. Qu'est-ce que je vois? le barbet sur mes talons!

» Voilà, me dis-je, un chien qui aime mieux aller en Normandie qu'en Afrique!

» Cela me paraissait si drôle de lui voir demander ainsi son passage, tantôt sur un bateau, tantôt sur un autre, que, ma foi ! je voulus le lui donner sur l'*Utile,* comme il l'avait eu sur les *Deux-Amis*... s'il promettait de n'être pas trop difficile pour la nourriture.

» La chose parut lui convenir, car il ne quitta plus mon bord.

» Quatre jours après, je partais pour Caen avec un chargement d'huiles. J'étais fier de mon nouvel ami. J'en aurais assez volontiers fait parade sur le port ; mais, le lendemain de notre arrivée, il désertait sans tambour ni trompette, et moi, ne sachant ce qu'il était devenu, je ne lui ai pas accordé plus de regret qu'il n'en méritait... Cependant, comme il m'a fait tout à l'heure l'amitié de me reconnaître, je ne lui garde pas rancune, et je vais lui donner de bon cœur une poignée de main. »

Tout en parlant ainsi, le capitaine Pâris tendit à Zéro sa large paume, dans laquelle celui-ci mit gravement sa patte.

« A présent je comprends tout, dit Pigault ; j'avais donné cette pauvre bête au capitaine Tautin.

— De la *Jeune-Alix?*

— Précisément ! Tautin l'a emmené au Sénégal. Là il a fait la rencontre d'un matelot de Honfleur, qu'il a reconnu, et par lequel il a sans doute espéré de se faire un jour rapatrier... Après la mort de ce matelot, il a cherché fortune ailleurs, et le hasard l'a bien servi puisqu'il vous a rencontré !

— Et si, au lieu de s'adresser à moi, il se fût butté à un autre capitaine partant pour la Chine?... C'était possible, après tout !

— Tout est possible ! Dans ce cas-là il aurait fait le tour

du monde, d'une façon ou d'une autre... Mais je suis convaincu, mon cher capitaine, qu'il aurait plutôt navigué dix ans que de renoncer à retrouver son maître...

— Eh bien! vrai! vous savez vous faire aimer des chiens, vous! dit le maître de l'*Utile*... Mais de Caen ici, comment est-il venu?

— Je vous avoue que je ne le lui ai pas demandé... mais je le devine! Il est allé deux fois à Caen, et il est revenu à Honfleur avec moi. Il aura reconnu la ville, et, avec son merveilleux instinct, retrouvé son chemin tout seul... Il n'y a guère, après tout, qu'une vingtaine de lieues entre ces deux localités; pour un gaillard comme lui c'était assurément peu de chose, presque un jeu, une véritable promenade, et il a fait bien plus fort que cela dans sa vie... Seulement, comme vous ne lui aviez sans doute pas donné d'argent pour ses frais de route, il a été mal reçu dans les auberges, et, en arrivant ici, il était à moitié mort de faim : mais vous voyez qu'il s'est assez bien remplumé!

— Il me paraît mieux aimer votre cuisine que celle de l'*Utile*, et je doute qu'il me demande à rembarquer de sitôt.

— Je crois, en effet, dit Jean Pigault en prenant congé du capitaine Pâris, que lui et moi nous voici à terre pour le restant de nos jours! »

Ainsi finit l'histoire véridique et merveilleuse du *Chien du Capitaine*. Un jour viendra peut-être où elle passera à l'état de légende, agrémentée de quelques détails nouveaux, mais qui auront le tort d'être moins vrais que ceux que nous venons de raconter.

Zéro vit toujours, et nous avons l'honneur de le compter parmi nos amis. Les baigneurs de Trouville, de Villers et d'Houlgate, en excursion sur la Côte de Grâce, ont certaine-

C'est une interminable chevauchée.

ment vu, l'an passé, dans la cour presque toujours ouverte de la *Villa des Roches-Blanches*, un joli bébé de deux ans, blond, blanc, rose : c'est l'héritier de Jean Pigault. Il est encore tout petit ; mais il passe déjà une partie de son temps à tirer la queue et les oreilles d'un chien, mi-parti de caniche et de barbet : c'est Zéro, un peu plus gros, un peu plus gras, un peu plus gris qu'autrefois, mais toujours aussi bon. Il adore le fils de son maître, et se laisse taquiner, torturer, tourmenter par lui, avec une patience inaltérable. Parfois le jeune M. Pigault, cavalier inexpérimenté, mais intrépide, sent le besoin de faire une promenade sur son chien. Il enfourche bravement Zéro, qui se laisse faire avec bonté ; le jeune brave enfonce ses mains potelées dans la toison frisée, où elles disparaissent tout entières, ou bien encore, s'il a peur de tomber, il serre dans ses deux petits bras le cou du bon chien, qui secoue paisiblement la tête, quand il sent que bébé va l'étouffer. On commence alors une interminable chevauchée autour de la cour. Blanchette et Noiraude, qui vivent toujours, et qui pondent plus que jamais, — on a placé leurs hottes à deux mètres du sol, pour éviter à Zéro de trop dangereuses tentations, — ont soin de ne pas se trouver sur le passage de leur ancien ennemi, et elles s'enfuient, traînant l'aile, tirant la patte, et poussant, à sa vue, de petits cris effarouchés, comme font souvent les poules quand elles ont peur. Mais Zéro, qui les couvre de son dédain, ne les regarde même pas.

Par une des fenêtres du premier étage, Lise se penche pour suivre les ébats de monsieur son fils, et elle sourit au capitaine, assis sous une tonnelle de clématites et de jasmins, et qui n'est pas assez complètement absorbé par le *Mouvement du port,* sa feuille préférée, ou *le Messager du*

Havre, pour ne pas jeter de temps en temps un coup d'œil attendri sur les deux êtres qu'il aime le plus au monde, — après sa femme, — son fils et son chien.

FIN.

TROP CURIEUX

TROP CURIEUX

I

Souvenirs de mon enfance, que me voulez-vous? Pourquoi tant de choses, depuis longtemps oubliées, hantent-elles aujourd'hui si obstinément ma mémoire? Lorsque mille évènements, d'une date plus récente, se sont si bien effacés de mon esprit que je n'en trouve plus la moindre trace, comment se fait-il que le tableau de mes jeunes années se déroule devant moi avec une telle netteté et une précision si exacte, que le passé le plus lointain me devient aussi présent que le présent lui-même?

Mille détails, qui me parurent insignifiants jadis, prennent dans ma pensée une place que je n'avais pas songé à leur donner. La distance est supprimée, le temps n'existe plus, et je revois les pâles fantômes des êtres que je croyais à jamais partis pour le pays dont on ne revient pas.

Des étrangers habitent aujourd'hui la maison de mon

père, et je n'ai pas le droit de retourner aux lieux où je suis né... Mais combien de fois ne les ai-je pas revus dans mes rêves? Après avoir planté ma tente de voyage sous des cieux si divers, je me sens des envies de revenir au premier gîte... et d'y rester.

Ce premier gîte était une grande et belle maison. L'heureuse province se loge largement : elle ne sent pas le besoin d'épargner le terrain. L'espace est à elle. Il est vrai que l'architecte ne s'était pas accordé le luxe de la pierre de taille, et qu'il s'était contenté des éléments plus rustiques que lui fournissaient les carrières du pays, moellons grossiers ou cailloux vulgaires. Mais il avait enduit ces modestes murailles d'une sorte de ciment dans lequel une main ingénieuse avait enchâssé, avec une irrégularité et un caprice qui n'étaient point sans grâce, toutes sortes de petits coquillages recueillis sur le rivage de la Manche qui baignait notre petite ville, et des minerais de différentes formes et de différentes couleurs, trouvés dans le lit des rivières qui arrosent notre jolie vallée d'Aure. L'artiste avait su tirer les plus heureux effets de cette décoration assez naïve et peu coûteuse.

Il y avait surtout un petit coin où des fragments de granit, frappés par le soleil oblique, produisaient un scintillement qui aurait pu lutter de feux et d'éclat avec les facettes du plus beau diamant. J'en étais parfois ébloui.

C'était ce coin-là que je regardais le plus souvent. Il m'attirait et me fascinait, comme le miroir, tournant au gré du chasseur, attire et fascine l'allouette. M'asseoir sur un banc, de l'autre côté de la cour, et contempler ces jeux brillants de la lumière, c'était un de mes plus vifs plaisirs. Je dois vous avouer, du reste, que je n'en avais pas beaucoup d'autres. Ma première éducation fut sévère, même un peu triste. Sans être protestante, ma famille était puritaine : elle ne me permettait ni toutes les distractions ni toutes les compagnies. Jamais fils de prince ne fut plus rigoureusement surveillé.

Je vois encore la fenêtre d'où ma mère, attentive toujours, inquiète souvent, suivait mes ébats. Cette fenêtre, un peintre l'eût choisie pour en faire un tableau ; un poète, une idylle.

Étroite et haute, elle se cachait à moitié sous la verdure et sous les fleurs, — comme un œil timide sous une paupière à demi close. Un rosier rouge montait jusqu'au rebord de pierre de la tablette, offrant à qui voulait les cueillir ses pétales de pourpre. Un magnifique jasmin s'élançait plus haut encore, faisant à la fenêtre tout entière un cadre de vert feuillage, semé d'étoiles blanches et parfumées. Une vigne vierge, qui grimpait jusqu'au toit, la couronnait d'un dais superbe d'où retombaient, pareils aux lambrequins d'une opulente draperie, des pampres vigoureux que l'automne colorait de ses tons les plus chauds.

Cette fenêtre, au rez-de-chaussée, éclairait un petit salon, d'où ma mère pouvait se rendre compte de tout ce qui se passait dans la cour. Elle assistait ainsi à mes récréations, de même qu'elle avait présidé à mes études, lisant quelquefois, et travaillant plus souvent, car elle travaillait beaucoup, et l'on eût pu dire d'elle, comme de ces matrones romaines du premier temps, chantées par le poète :

> Elle vécut chez elle, et fila de la laine.

Comme elle ne voyait pas très bien, et qu'elle m'aimait beaucoup, sa vive tendresse était toujours prête à prendre ombrage de toute chose, et elle croyait volontiers que les plus épouvantables catastrophes allaient fondre sur ma tête, dès que ses regards ne pourraient pas m'en préserver, — et comme ses regards ne portaient pas très loin, elle avait recours à toutes sortes d'expédients pour que je ne pusse échapper à sa surveillance.

A quelque distance de sa fenêtre, on avait encastré dans la muraille deux grosses bornes, espèce de monolithes en granit d'Avranches, qui empêchaient les voitures d'effleurer d'une façon trop compromettante les pilastres en pierre tendre de la porte cochère. Ces bornes furent assignées comme limites extrêmes à mes plus aventureuses expéditions. Je pouvais aller jusque-là ; jamais plus loin. Ce furent mes colonnes d'Hercule.

Pendant assez longtemps, mon domaine restreint suffit à mon bonheur. La cour, avec le petit bout de jardin qui suivait, contentait tous mes désirs. Je ne demandais pas davantage aux dieux. Je me contenais, sans trop d'efforts, dans la zone permise, absolument comme un petit État respecte les frontières d'un puissant voisin.

Trop heureux si j'avais pu pratiquer toujours cette louable modération! Mais l'âge vint : je pris mes six ans, et, à partir de ce moment, je sentis poindre en moi toutes sortes de folles idées : je nourris dans mon sein d'audacieuses espérances. Mon jardin me sembla mesquin et ma cour étroite. J'étouffais entre mes quatre murs, comme un prisonnier dans sa cellule, ou comme un aigle dans sa cage. Ces nobles comparaisons peuvent seules donner une juste idée de l'état vrai de mon âme. Ma vigne rouge me paraissait terne ; je ne trouvais plus de parfum à mes roses, et j'aurais échangé contre un buisson d'épines mon jasmin dont les fleurs d'argent étincelaient dans le feuillage sombre.

C'est que je sentais en moi des aspirations inconnues ; je voulais voir le monde — le vaste monde! et aller tout seul.... au moins jusqu'à la place de l'église. Je préludais ainsi à cette fièvre de voyages qui devait, plus tard, tourmenter ma vie et me jeter aux quatre coins du monde. Je ne faisais guère qu'épeler mes lettres, et déjà j'apprenais à lire dans l'histoire des célèbres navigateurs. Plus tard je devais rêver, tout éveillé, d'expéditions lointaines.

Ces rêves ne pouvaient point se réaliser sans quelque peine. La surveillance dont j'étais l'objet ne se ralentissait point; elle grandissait, au contraire, avec mes années. Ma mère m'avait élevé dans le respect de l'autorité. Ses lois, d'ailleurs, n'étaient point lettre morte, et elle savait leur donner une sanction pénale qui les faisait respecter. Je l'avais appris plus d'une fois à mes dépens, et je n'étais pas tenté de l'oublier.

Mais, chez certaines gens, le désir auquel on résiste

prend une force plus grande. J'étais de ceux-là. Au lieu de m'abattre, la difficulté m'excitait. Je n'eus bientôt plus qu'une idée : ce fut de sortir de cette cour où l'on voulait m'enfermer, — d'aller plus loin — toujours plus loin, — de visiter les terres défendues, et d'explorer les régions interdites.... au moins à deux portées de fusil de la maison.

Les occasions propices pour mettre de tels projets à exécution étaient rares, sans doute. Mais j'étais résolu à les épier avec tant de soin, à les saisir avec tant d'ardeur, que, si jamais elles m'étaient offertes, j'étais bien certain de ne point les laisser échapper.

Une après-midi de novembre, ma mère, qui restait si constamment chez elle, fut cependant obligée de sortir. Elle devait aller voir une amie malade. La femme de chambre l'avait accompagnée ce jour-là. Mon père était absent. Il ne restait au logis que la digne Thérèse, honnête cuisinière, qui m'avait vu naître, faible avec moi comme une nourrice, et qui eût mis de bon cœur le feu à la maison pour me chauffer les pieds. Ce n'est pas elle qui m'eût jamais empêché de faire ma volonté ! Du reste, pour plus de sûreté, j'étais bien résolu à ne pas lui faire de confidences et à me passer de sa permission. Il me plaisait de faire acte d'indépendance, même vis-à-vis d'elle.

Il s'en fallait de beaucoup que je fusse absolument sans remords. J'en étais à ma première tentative insurrectionnelle, et l'on voit qu'elle était précoce. Mais on ne devient pas scélérat en un jour, et, comme a dit le poète,

Ainsi que la vertu, le vice a ses degrés.

A pas furtifs, rasant le mur, me faisant petit, — ce qui ne m'était pas très difficile, — j'arrivai bien vite jusqu'à la borne fatale qu'il m'était défendu de franchir. Là, je m'arrêtai un instant. La grandeur de mon forfait apparut à mes yeux, et m'épouvanta. Ma conscience, dont je ne pouvais étouffer la voix, me criait de m'arrêter.

Je ne l'écoutai point, bien qu'elle forçât un peu son organe. Cependant je retournai instinctivement la tête, et jetai en arrière un coup d'œil craintif. Mais, plus heureux que sage, je n'aperçus rien de suspect : personne dans la cour; aucun espion gênant ; rien qui pût mettre obstacle à l'exécution de mon projet.

Je franchis d'un bond le seuil de la porte cochère, et je me trouvai dans la rue.

Que le monde me parut grand !

C'était la première fois que je me voyais seul, loin des miens, parmi les étrangers. J'avoue que je ne me défendis point d'une certaine émotion. Jamais encore je n'étais sorti sans être accompagné ou de ma mère, ou de quelque personne investie de sa confiance. Ma situation me semblait donc assez étrange : du moins elle était pour moi pleine de nouveauté. Aussi le cœur me battait haut dans la poitrine.

La sensation que j'éprouvais était peut-être trop vive pour être agréable, mais elle doublait en moi l'intensité de l'énergie vitale. Des choses auxquelles je n'avais jamais fait attention jusque-là prenaient tout à coup à mes yeux une importance singulière.

Je trouvais grandes et magnifiques de misérables échoppes auxquelles je n'avais pas daigné prendre garde jusqu'ici. D'humbles boutiques me semblaient transformées en magasins superbes, et je me surprenais à envier le sort des gens qui passaient leur vie à contempler les trésors cachés derrière leurs vitres, généralement peu transparentes.

Mais à présent que j'avais fait ce premier pas, qui est, dit-on, celui qui coûte le plus, je voulais aller plus loin.

D'ailleurs, tant que je me trouverais si près de la maison paternelle, il me semblait que je n'aurais pas le droit de me croire en sûreté. Ma mère, en effet, pouvait rentrer d'un moment à l'autre, s'apercevoir de mon absence, et mettre la maréchaussée à mes trousses. Mon audacieuse escapade serait ainsi devenue inutile, sans compter qu'on aurait pu m'en faire payer les frais. Puis je pensais aussi aux gens du voisinage, qui ne m'avaient jamais vu courir tout seul par les rues, et qui commençaient à me regarder d'un air singulier, comme s'ils se fussent demandé la cause d'un fait si contraire à mes habitudes. Il me semblait déjà lire sur le visage de quelques-uns d'eux l'intention bien arrêtée de me prendre par une oreille et de me ramener chez moi. Je me serais volontiers comparé à un fugitif en rupture de ban, que des agents trop zélés reconduisent au bagne, pour toucher la prime qui récompense la capture d'un forçat évadé.

— Décidément, me dis-je à part moi, le quartier devient dangereux : il est temps d'en changer et de regagner le large. J'enfilai deux ou trois rues, comme si j'avais la garde à mes trousses, et j'arrivai sur une jolie place à laquelle le château de la ville donne son nom. Ce château, ancienne et aristocratique demeure d'une famille jadis riche et puissante, avait été transformé en palais municipal, et on y avait installé divers services publics : la mairie, les tribunaux, la prison — et l'école — qui est trop souvent la prison des enfants.

A l'heure où j'arrivais sur la place, ombragée de platanes et de tilleuls, la classe finissait. Les élèves, qui venaient d'être mis en liberté, prenaient leurs joyeux ébats. Ils

Que le monde me parut grand!

jouaient à toutes sortes de jeux, que je ne connaissais guère que de réputation, mais qui me paraissaient charmants : c'étaient les barres, le cheval fondu, les quatre coins, et même le bouchon, délices des jeunes fainéants dont le gousset est bien garni.

Je n'aurais pas demandé mieux que de me mêler à ce petit monde si vif et si gai. Je ne me sentais pas plus manchot qu'un autre, et j'aurais fait bien volontiers ma partie.

Mais ces jeunes vauriens, qui me connaissaient certainement et de nom et de vue, n'avaient jamais eu aucun rapport avec moi, et ils m'en voulaient peut-être, malgré ma parfaite innocence, de la réserve un peu hautaine avec laquelle jusqu'ici ma mère m'avait tenu en charte privée. Ils me regardaient comme une bande de loups ferait un chien de bonne maison, fourvoyé dans leur compagnie. Ils observent la trace du collier, trouvent l'animal bien en chair et gras à point, et ils le croqueraient volontiers... sans la crainte du chien. Il n'y avait vraiment rien de sympathique dans la mine de ces petits drôles, aux vêtements déchirés, aux mains noires d'encre, à l'œil tors, qui me regardaient de travers. Il était facile de voir qu'ils avaient presque tous laissé quelque chose d'eux-mêmes à la bataille, et qu'ils n'auraient pas demandé mieux que de prendre leur revanche sur le nouveau venu.

Mon attention, pour inoffensive qu'elle fût, ne laissa point que de déplaire à ces jeunes malandrins. Il me fut aisé de m'apercevoir que quelques-uns d'entre eux commençaient à me faire grise mine. Les bouches ne disaient rien, mais les regards parlaient. Ils me faisaient comprendre fort clairement que j'étais dans un pays où l'on n'aimait pas les intrus.

Je voyais donc que ma place n'était pas là. Mais où aller?

Question grave! Chez les amis de la maison? je n'étais pas assez certain de l'accueil qu'ils me feraient, et puis, ce n'était pas pour leur faire visite que j'avais pris la clef des champs. Je ne laissai point en ce moment que d'éprouver un peu d'embarras. Je n'en étais pas encore au repentir; mais je me demandais, non sans une certaine inquiétude, ce que j'allais devenir.

Cependant, non loin de moi, derrière une double rangée de grands arbres, j'apercevais le château, dont les splendeurs avaient frappé mes yeux d'enfant, plus peut-être que ne le feraient à présent les merveilles de quelque palais des Mille et une Nuits. Il y avait surtout une salle, avec un lustre en cuivre doré, et des appliques entre les fenêtres, qui était pour moi le dernier terme de la magnificence. Mais ce n'était pas à cette salle que je pensais en ce moment.

Non! c'était à une misérable chambre basse, enfumée, éclairée bien insuffisamment par un œil-de-bœuf, que les convenances de l'architecte avaient fait si étroit, qu'il ne laissait passer qu'un jour avare et maigre.

Cette chambre, si petite qu'on ne l'eût pas calomniée en l'appelant une niche, était occupée par un pauvre diable d'Allemand que je dois ranger parmi les physionomies les plus originales qui aient jamais frappé ma jeune imagination. Tout en lui m'impressionnait, et j'en ai gardé un souvenir si fidèle, qu'au moment où je parle de lui il me semble le voir encore.

II

Figurez-vous un grand gaillard, long comme un jour sans pain, et maigre comme un bon chrétien à la fin du carême : sa taille semblait plus gigantesque encore, grâce à son chapeau de haute forme, presque sans bords, car l'usure quotidienne avait rongé les siens jusqu'à n'en plus faire qu'un imperceptible ourlet, dont les tons roussâtres se confondaient avec le fauve douteux de sa chevelure en broussaille.

Hiver comme été, il parcourait les rues de notre petite ville, vêtu d'une immense houppelande, qui rappelait vaguement, ou, pour mieux dire, qui présageait par avance les capotes d'hôpital dont s'affublèrent les jeunes gommeux en l'an de grâce 1877. Droit et sans plis, ce vêtement tombait d'un seul jet de ses épaules à ses pieds, ne laissant voir, par en bas, que les franges d'un pantalon effiloché, et, par en haut, qu'une cravate nouée comme une corde, autour d'un cou sur lequel on eût pu faire un cours fructueux d'ostéologie.

Quelle avait été la couleur primitive de ce vêtement, qui remplaçait maintenant tous les autres? C'est ce qu'il eût été difficile de préciser, tant le tissu originaire disparaissait sous des adjonctions sans nombre, rendues nécessaires par les injures du temps. A vrai dire, l'habit n'était plus composé maintenant que de pièces et de morceaux, qui en faisaient une véritable mosaïque d'étoffes. Mais, du moins, cette mosaïque était arrangée avec une symétrie qui n'était pas dénuée d'un certain goût. Elle donnait à l'ensemble de la houppelande un air de carnaval, qui aurait eu, je n'en doute pas, un véritable succès dans un bal déguisé.

Les deux plastrons, qui se croisaient sur la poitrine, étaient d'un jaune assez vif, qui faisait paraître plus éclatants encore des revers écarlates. Le collet était noir, et la taille vert-bouteille. Quant à la jupe, — si ce n'est pas là un terme impropre pour un vêtement masculin, — elle réunissait tant de couleurs que l'œil même d'un peintre n'eût pu déterminer sa note dominante. Il ne faudrait pas croire, d'ailleurs, que cet ensemble restât toujours le même. Il variait, au contraire, selon les besoins du moment, et selon les ressources dont pouvait disposer son propriétaire. En sa qualité d'Allemand, celui-ci était tailleur, et c'était avec les reliefs des coupons que lui confiaient ses clients, qu'il agrémentait ainsi sa redingote.

Le nom de ce singulier personnage n'était pas moins étonnant que sa personne. Il s'appelait Magnus Schmoll, et ces deux consonnances, étrangères l'une à l'autre, étrangères aussi à la langue qui se parlait autour de moi, ne frappaient pas moins vivement mon oreille que ces dehors fantasques ne frappaient mes yeux.

Comment Schmoll était-il venu en France? Pourquoi y

restait-il? Par suite de quels évènements, publics ou privés, s'était-il fixé dans la petite ville de Normandie qu'habitait alors ma famille? Autant de mystères, qu'il ne m'avait pas été donné de pénétrer! Tout ce que je savais, pour l'avoir entendu dire aux anciens de l'endroit, c'est qu'il était arrivé chez nous, après les grandes guerres continentales, à la queue des armées du premier Empire. Peut-être avait-il été fait prisonnier, peut-être avait-il rendu aux nôtres des services compromettants, et qui l'eussent fait mal voir parmi les siens.

Quoi qu'il en fût, il n'avait jamais exprimé le désir de retourner dans ses foyers. Mais les bons renseignements qu'avait donnés sur lui un vieux chef de bataillon retiré chez nous, lui avaient valu certaines faveurs de la municipalité. On ne lui faisait point payer le modeste logement qu'il occupait à l'hôtel de ville, et l'on prétendait qu'à certaines époques il recevait même du gouvernement quelques menues gratifications.

J'ai déjà dit que Schmoll était tailleur. Mais il travaillait plutôt dans le vieux que dans le neuf, et la concurrence était si grande, qu'il vivait assez mal de son métier.

Il est vrai qu'il en avait un autre.

Le ciel l'avait doué, comme la plupart des hommes de sa race, d'aptitudes musicales tout à fait remarquables. Il les avait cultivées avec succès dans les écoles et dans les gymnases, de l'autre côté du Rhin, mais sans s'attacher à un instrument plutôt qu'à un autre. Il jouait à peu près de tous, même de ceux qu'il n'avait pas appris. Il lui suffisait de quelques jours pour en étudier le mécanisme. Son génie naturel faisait le reste.

Il tirait un assez habile parti de cette science universelle, dans une petite ville de province où il n'y avait pas d'autre artiste que lui. C'est ainsi qu'il donnait des leçons de piano à la fille de *Monsieur le Maire,* qu'il enseignait le cor à un jeune médecin, et le trombone à un vieil apothicaire, tandis qu'il révélait les secrets de la clarinette à mon oncle, et qu'il faisait tous les deux jours sa partie de flûte avec mon père.

Les élèves ne manquaient certes pas au professeur, mais le prix auquel il faisait payer ses séances n'était guère fait pour l'enrichir. Il n'exigeait que cinquante centimes par cachet, et il allait chez ses élèves! Ajoutons qu'il faisait des concessions à ceux qui prenaient des abonnements au mois. Si encore on s'était contenté de l'heure réglementaire qu'il devait à chacun! Mais non! Quand on le tenait, on ne le lâchait plus. Ceux qui mettaient le moins de zèle à profiter de la leçon, étaient aussi ceux qui mettaient le moins de discrétion à la prolonger. Il était rare qu'on laissât partir le maître sans lui avoir fait exécuter un ou deux morceaux, rien que pour se donner le plaisir de l'entendre.

« Voyons, mon bon monsieur Schmoll, disait quelque enfant gâté, moi tout le premier, encore un petit air, que vous allez jouer tout seul! »

Le pauvre artiste regardait l'heure, — non pas à sa montre, il n'en avait pas, — mais à la pendule du salon, et faisait un petit mouvement d'épaules qui voulait dire :

« Mais vous voyez bien que je n'ai pas le temps!

— Elle avance! répliquait-on. Rien qu'une ou deux petites choses, et vous vous en irez après! Vous jouez si bien, monsieur Schmoll! »

Et le pauvre musicien, heureux de cette flatterie qu'il acceptait comme argent comptant, soit qu'il fût assis au

Il faisait sa partie de flûte.

piano ou qu'il tînt en main la flûte ou le violon, faisait gros dos, et, la poitrine gonflée, aspirait à pleins poumons cette bouffée d'encens qu'il humait avec une volupté visible. Puis, oubliant que son temps ne lui appartenait point, qu'il était attendu ailleurs, et qu'il allait peut-être perdre une leçon, il jouait une mélodie de Schubert, une sonate de Mozart, ou quelque sublime motif de celui qu'il n'appelait jamais que le grand Beethoven.

Il y mettait toute son âme, toute sa passion, tout son être! Le démon de la musique s'emparait de lui; il devenait beau par l'expression. C'était un autre homme. Ceux qui avaient trouvé la leçon trop longue, trouvaient le morceau trop court. Ils applaudissaient comme les romains du lustre à l'Opéra ou à la Comédie-Française, et l'exécutant, ravi de son succès, n'avait pas toujours le courage de se dérober au ruineux honneur du *bis*.

Il recommençait, après s'être essuyé les yeux et mouché bruyamment, en murmurant :

« C'édait eine si pelle misique ! »

Le temps marchait toujours, et à la fin de la journée, le professeur inexact avait perdu une ou deux leçons.

Mais l'honnête musicien n'avait jamais su veiller à ses intérêts. C'était un véritable artiste, et, chez lui, l'art passait avant l'argent.

Il n'est que juste d'ajouter que la plupart de ses élèves étaient excellents pour le professeur, et qu'ils ne regardaient point à lui faire de temps en temps quelques-uns de ces petits cadeaux qui, dit-on, entretiennent l'amitié, tout en faisant vivre les pauvres gens.

Mon père, entre autres, grand chasseur devant l'Éternel, comme le feu roi Nemrod, avait toujours soin de lui réserver une petite part dans la distribution du carnier. Je ne prétendrai point qu'on lui offrît le morceau le plus délicat, la caille grasse à point, le perdreau n'ayant pas encore le fer à cheval tracé en plumes de pourpre sur la poitrine, ou le râle de genêt, cher aux dilettantes de la fine cuisine. Mais ce grand mangeur ne se montrait pas difficile sur la qualité du gibier. Il mettait son plaisir à prouver que l'homme est omnivore. Il acceptait donc, d'un estomac reconnaissant, la pie babillarde et le noir corbeau, dont il savait, par des moyens à lui, attendrir la chair coriace; la buse, dont il tirait un savoureux pot-au-feu, et

Le héron au long bec, emmanché d'un long cou,

qu'il estimait à l'égal des meilleurs rôtis. Parfois, un courlis maigre, ou quelque sauvagine maltraitée par un plomb cruel (les sauvagines sont exquises dans notre vallée d'Aure), venaient s'ajouter à ces premières offrandes. C'étaient les grands jours de Schmoll. Lucullus, ce soir-là, soupait chez Lucullus! Le musicien, qui avait peut-être jeûné la veille, se traitait magnifiquement et méprisait la petite chère des bourgeois.

Ma mère, qui voulait sans doute m'apprendre l'exercice de la bienfaisance, m'envoyait souvent, avec la cuisinière, porter au musicien les présents paternels.

Magnus n'était pas ingrat; il se montrait même assez démonstratif dans l'expression de sa reconnaissance. Il trouvait toujours pour moi quelque parole aimable, et ne manquait jamais de m'offrir le régal de ces fameuses imitations, sur ses divers instruments, des cris de tous les animaux de la création, vrai tour de force qui me jetait dans des ravissements inexprimables.

Mais c'était pour la cuisinière qu'il réservait la fine fleur de son esprit, ses compliments et ses flatteries. Il lui serrait le bout des doigts, en prenant le gibier de ses mains, et, d'une voix attendrie, tout en lustrant les plumages froissés :

« C'èdre te pien cholis bedits oiseaux, disait-il, mais fis edes ingore blis cholie, montamoiselle Dérèze !

— Oh ! par exemple, monsieur Schmoll ! je ne sais pas où vous prenez ça, car je n'ai jamais été belle ! répondait la bonne grosse fille en rougissant...

— Che brends ça tans mon esbrit ! ripostait Magnus, ed mon cueir ne me drombe chamais... ces bedits oiseaux ils sont pons bir l'esdomac ti bofre Schmoll... Mais fis, montamoiselle Dérèze, fis edes ponne bir lui. »

Au moment où il prononçait ces derniers mots, les yeux du musicien s'agrandissaient et devenaient ronds comme l'œil-de-bœuf de sa petite chambre, et son visage naïf exprimait l'admiration et la reconnaisance.

Jamais discours aussi aimables n'avaient été adressés à cette brave Thérèse, dont l'ample personne ne semblait pas faite pour inviter au madrigal.... Mais quelle femme n'aime pas les compliments ? Thérèse était d'autant plus sensible à ceux du musicien, que personne ne venait leur faire concurrence, et qu'au fond de l'âme de toute femme il y a toujours un insatiable besoin d'adoration. La femme n'est pas toujours difficile sur la qualité de l'encens — mais il faut que l'encens fume toujours devant elle.

« Ce n'est pas moi qui suis belle, répondait Thérèse, presque invariablement, mais c'est vous qui êtes aimable, monsieur Schmoll.

— Fis fis drombez, montamoiselle, reprenait le musicien; che sais ce gue che tis, et che tis gue fis êdes pelle ! »

Un regard plein de finesse et de discrétion jeté de mon côté, et le geste d'une main qui se posait énergiquement sur la poitrine de l'artiste, en inclinant vers le côté gauche, complétaient sa pensée. Thérèse ne faisait pas d'objections, et un léger mouvement d'épaules, qui mettait toute sa personne en émoi, pouvait passer pour une sorte d'acquiescement.

Nous nous en allions, mais, plus d'une fois, Thérèse, tout en me tirant par la manche, se retournait vers le château pour revoir encore la tête de Schmoll, encadrée dans son étroite fenêtre.

« N'est-ce pas qu'il a l'air bien bon? me disait-elle.

— Oh! oui, bien bon! reprenais-je comme un écho. Il a joué de la clarinette hier pour moi tout seul pendant une heure.

— Une femme ne devrait pas être malheureuse avec lui, » reprenait Thérèse.

La question n'étant pas positivement de ma compétence, force m'était bien de me contenter d'une adhésion silencieuse, qui faisait languir la conversation.

Bien que je n'eusse aucun motif de partager la croyance de Thérèse, on comprend que la pensée de l'obligeant et honnête artiste avait dû tout de suite se présenter à mon esprit, dans la position vraiment critique où je m'étais mis, alors que je sentis les dangers de ma folle aventure. J'étais à deux pas de sa porte. J'allais le demander. Personne n'était plus capable que lui de me ramener sain et sauf à la maison, et, si nous étions rencontrés, de couvrir ma retraite et de colorer ma fugue. Avec lui, d'ailleurs, je n'étais plus seul, et, en ce moment, ce qui m'effrayait le plus, c'était de me sentir seul.

Je pris donc assez résolûment mon parti, et, affectant peut-être plus d'audace que je n'en avais, je me dirigeai vers le château.

J'étais étonné moi-même de l'espèce de crânerie avec laquelle je frappai au guichet du concierge principal.

« Qu'est-ce que c'est? me cria-t-il d'une voix qui me rappela celle de l'ogre souhaitant le bonsoir au petit Poucet.

— M. Schmoll est-il chez lui? » demandai-je doucement à ce cerbère, en portant la main à ma petite casquette de velours, car je savais qu'il faut être poli avec tout le monde — et avec les portiers.

L'homme aux grosses clefs et à la longue barbe, dont j'avoue que j'avais toujours eu peur, personnage semi-officiel, qui avait une certaine importance au château, et qui s'en accordait davantage encore, me montra sa tête hérissée, par une sorte de judas, me regarda du haut de sa grandeur, et, d'un ton assez rogue :

« Oui, dit-il, il y est !

— Cela se trouve bien! car il faut que je lui dise un mot. C'est très pressé !

— Tant mieux! car il n'aurait pas le temps d'attendre !... Je crois même que vous venez un peu tard !

— Comment !... je ne pourrai pas lui parler !

— Je ne dis pas cela ! Si vous y tenez, vous pourrez vous donner ce plaisir. Mais je doute qu'il vous réponde.

— Je vais bien voir ! »

Le concierge eut un moment d'hésitation, et je l'entendis qui murmurait :

« C'est qu'il le ferait comme il le dit ! »

J'étais intrigué; je commençais à prendre peur : mais j'étais si curieux!... je fis deux pas vers la porte de Magnus.

A ce moment, la femme du concierge sortit de sa loge, et se plaçant devant moi :

« Il ne faut pas, mon petit ami! me dit-elle avec bonté. Cela vous ferait de la peine, et, plus tard, vous vous en repentiriez! »

La douceur m'a toujours désarmé. Je m'arrêtai en regardant cette femme. J'avais cru deviner des larmes dans sa voix; j'en vis dans ses yeux.

« Allez-vous-en, monsieur Louis, me dit-elle, en me prenant par la main, comme si elle eût voulu m'emmener. Ce n'est pas ici votre place. »

Cette insistance me parut singulière; mais j'étais déjà doué d'une certaine dose d'obstination : je ne voulus pas céder.

« Il faut que je parle à M. Schmoll, lui dis-je; je suis venu pour cela.... et je lui parlerai!

— Non! non! c'est impossible! dit-elle avec une certaine véhémence.... Allez-vous-en! Je vous jure qu'il le faut! »

Je me rappelai que nous n'avions pas vu l'artiste depuis quelques jours, et il me vint à l'esprit qu'il pouvait bien être malade. Je ne voulus point être venu si près de lui sans avoir de ses nouvelles.

« Laissez-moi entrer, madame, dis-je, d'une voix qui priait, plus encore que ma parole.

— Il mériterait bien, en vérité, qu'on le lui permît! fit le mari d'un ton bourru.

— Oh! non, ce serait mal! répliqua la femme, qui avait repris ma main.

— Si vous y tenez tant que cela, continua le concierge, restez ici; vous le verrez passer! »

Il faut que je parle à M. Schmoll.

Et, tout en parlant, il eut un mouvement d'épaules dont je me sentis humilié.

Mais j'étais allé trop loin pour qu'il me fût possible de reculer maintenant. Je bus ma honte et je restai. Cependant, sans qu'il me fût possible de dire pourquoi, je me trouvais en proie à une inquiétude qui, pour être vague, n'en était pas moins réelle. Je sentais que je devais m'en aller, et une force plus grande que ma volonté me clouait à la même place, immobile et comme rivé au sol. Mes yeux, malgré moi, s'étaient tournés du côté de la chambre du musicien, fixes et ardents.

On eût dit qu'ils voulaient percer la muraille.

Le concierge sortit comme s'il eût eu besoin d'air. Une fois dehors, il respira bruyamment. Puis, les mains derrière le dos, et ses clefs dans les mains, il se promena à petits pas devant la porte.

Pour moi, assez embarrassé de mon personnage, je commençais à penser que le plus sage, à présent, c'était de m'en aller, quand, tout à coup, j'entendis des bruits singuliers dans la chambre du musicien. Je prêtai attentivement l'oreille, car je me sentais dans une de ces dispositions nerveuses où l'on est bien décidé à ne rien laisser échapper, et à saisir le moindre indice.

Pendant une ou deux minutes, j'entendis des coups de marteau, sourds d'abord, bientôt retentissants. Puis il y eut des bruits de pas, presque indistincts ; puis des allées et venues ; puis des voix, confuses au début, plus claires enfin, et une d'entre elles qui commandait.

Elle dit :

« Allons ! vous y êtes ?

— Oui, répondit-on.

— Alors, marchez ! »

A ce moment, je distinguai le *han !* significatif de l'homme qui peine et qui geint, en chargeant un lourd fardeau sur ses épaules.

III

Tout à coup, la porte de la chambre s'ouvrit. Pauvre petite chambre, étroite, basse de plafond, mais propre d'ordinaire et bien tenue, assez grande pour l'exilé, parce qu'il y avait trouvé une place pour chaque chose et que chaque chose y était toujours à sa place.

Je le savais, pour y être venu bien des fois.

Mais, ce jour-là, cette chambre, toujours si bien tenue, me parut dans un désordre affreux : deux chaises étaient renversées, le lit était défait, et, bien qu'il fît encore assez jour, il y avait deux chandelles allumées sur la table.

Un groupe d'hommes se montra sur le seuil. Le commissaire de police — je le connaissais pour l'avoir vu un jour arrêter un voleur sur le champ de foire — marchait en tête, son écharpe au flanc. Après lui venaient quatre hommes en habit gris, coupé carré, une plaque blanche au côté, et coiffés de chapeaux bas de forme, en cuir verni. Ils portaient sur leurs épaules un coffre étroit et long, formé de quatre planches assez grossièrement rabotées, jointes par de gros clous, dont j'apercevais les têtes noires, se détachant sur la blancheur du bois.

Ces hommes à l'aspect sinistre, ce commissaire, dont la présence, même pour un enfant, est toujours l'indice de quelque chose de grave, ce coffre, d'une forme bizarre (je n'en avais jamais vu qui lui ressemblât !), tout cet ensemble, qui avait pour moi un caractère frappant d'étrangeté, m'impressionna plus vivement que je ne l'aurais pensé.

Je restais là, embarrassé de ma contenance, ne sachant ni que faire ni que devenir. Je ne tardai pas à m'apercevoir que la chaise apportée pour moi par la femme du concierge embarrassait le vestibule. Je me levai donc pour laisser passer le sinistre cortège; mais, tout aussitôt, je fus obligé de me rasseoir. Mes jambes me refusaient leur service.

J'étais très pâle, et je tremblais comme la feuille quand le vent d'orage secoue les branches. Le commissaire, en passant près de moi, me jeta un coup d'œil qui me perça de part en part. On eût dit qu'il voulait me fouiller jusqu'au fond de l'âme.

Deux des hommes qui portaient le coffre me frôlèrent le genou en passant, et l'un d'eux me dit assez brutalement :

« Rangez-vous donc, petit ! Qu'est-ce que vous faites là ? »

Je rougis jusqu'aux oreilles, et je me collai au mur, comme si j'eusse voulu entrer dedans. Mais je ne soufflai mot.

Tous s'en allèrent.

J'étouffais. Je sortis pour aspirer une bouffée d'air frais. J'en avais bien besoin. Je crois, en vérité, que je me serais trouvé mal, si je fusse resté dans ce vestibule.

« Vous avez voulu voir le père Schmoll ? Eh bien ! le voilà ! me dit le concierge, en me montrant du regard le petit groupe qui s'en allait. Si vous avez quelque chose à lui dire, je vous conseille de courir après — et de vous dépêcher — car il n'a plus grand temps à donner sur cette terre à la conversation.

— Au lieu de brusquer cet enfant, qui n'a rien fait pour

La femme du concierge sortit de sa loge.

le mériter, tu ferais mieux vraiment de réciter un *Pater* et un *Ave* pour le brave homme qui s'en va là-bas ! » fit, en se signant, la femme, compatissante et douce, de ce mari brutal.

Tout en parlant ainsi, elle vint, comme moi, jusqu'au seuil, et son regard mouillé suivit le pauvre diable qu'on emportait.

Quand j'entendis ces mots, ce qui pouvait encore me rester de doute et d'incertitude se dissipa ; une grande lumière se fit en moi : je compris tout.

Je compris que le bon Magnus n'était plus, et que, sans le savoir, sans l'avoir voulu, j'assistais à ses tristes funérailles. C'était son convoi que j'avais vu passer... le convoi du pauvre, hélas! dans son dénûment le plus affreux, et qui n'avait même pas, pour le suivre jusqu'au bord de la fosse, pleurant et aimant, le dernier ami de ceux qui n'ont plus d'amis : un chien !

Je n'avais pas encore fixé ma pensée sur ce sombre mystère de la mort, énigme suprême et dernier terme de toute vie. Ce mot lui-même ne rappelait à mon esprit qu'une idée assez vague, à laquelle, d'ailleurs, l'insouciance naturelle à mon âge ne me permettait pas de m'arrêter bien longtemps.

Il m'était cependant arrivé plus d'une fois de rencontrer des enterrements. Mais quelle différence entre eux et avec celui que je voyais aujourd'hui ! Le cercueil, recouvert d'un drap blanc, disparaissait souvent sous les verdures et sous les fleurs. En tête du cortège solennel marchait la croix, gage divin de notre rédemption, symbole de nos immortelles espérances. Les enfants de chœur suivaient, troupe aimable et jeune, portant sur leurs surplis sans tache leur petit camail rouge comme celui des cardinaux. Un peu plus loin, rangés sur deux files, les chantres remplissaient l'air de ces psalmodies lentes et graves, aux accents profonds, avec lesquelles l'Église catholique, tendre comme une mère, berce et endort les douleurs humaines. Puis, d'un pas déjà lourd, venait le bon curé, sa tête chenue couverte du bonnet carré, qu'il portait un peu en arrière, comme pour mieux laisser voir son visage vénérable. C'était surtout dans ces cérémonies funèbres qu'il fallait voir le digne prêtre. On eût dit vraiment que dans chacun des paroissiens qu'il portait en terre, c'était sur un frère ou sur un fils qu'il versait ses pleurs et ses prières. Les parents, les amis, parfois même les simples connaissances, se joignaient au cortège et fermaient la marche. Les passants se découvraient et saluaient le mort pour la dernière fois.

Maintenant, au contraire, je ne voyais en face de moi que la solitude, l'oubli et l'abandon. La destinée, si longtemps cruelle envers le pauvre artiste, semblait le poursuivre par delà le trépas. Il était seul dans la mort comme dans la vie.

Ce n'était point que l'infortuné fût le moins du monde partisan de l'enterrement civil. On n'avait pas encore inventé cette monstruosité, réservée à nos jours malheureux, et je crois qu'au fond il eût mieux aimé ne pas être enterré du tout. Mais, né dans l'Allemagne protestante, il était resté fidèle à sa foi, ce qui le mettait en dehors de notre communion catholique. Il n'avait point appelé le prêtre à son chevet : le prêtre ne pouvait donc aller prier sur sa tombe. Il n'avait pas d'amis, et les indifférents ne se dérangent pas pour les morts. On devine donc la navrante tristesse de ses dernières heures, et l'abandon où tous le laissaient au moment de ce dernier voyage..... celui dont on ne revient pas.

Je ne me fis point toutes ces réflexions dans un pareil moment. Mais je fus saisi par la tristesse du spectacle que j'avais sous les yeux, et je m'y abandonnai tout entier. Mon enfance n'avait pas connu d'émotion plus terrible ni plus forte. Une vague terreur s'empara de moi. Je tremblais. J'entendais le claquement de mes dents les unes contre les autres... Mais la pitié était plus grande encore que la terreur. Je ne pensais plus à la maison délaissée, aux inquiétudes que ma fuite devait causer, à l'inévitable châtiment qui m'attendait quand elle serait connue. Oui, j'oubliais tout cela, pour ne plus songer qu'à ce malheureux qu'on emportait; pour ne plus me souvenir que de l'inépuisable bonté avec laquelle il s'était toujours prêté à mes caprices d'enfant....

Cela me serrait le cœur de le voir s'en aller ainsi, tout seul. Puis aussi — faut-il tout dire? — je n'avais jamais vu d'enterrement, et j'éprouvais une irrésistible envie de savoir ce qu'on pourrait bien faire du pauvre Schmoll, à présent qu'on l'avait mis dans sa boîte.

Je suivis donc le cortège, ce qui ne me sembla pas trop facile, car ces gens marchaient vite, malgré leur fardeau, comme s'ils eussent été pressés de finir leur sombre besogne.

Force m'était donc d'allonger mes petites jambes pour ne pas rester trop en arrière. Le jour baissait, et la nuit de novembre est prompte à tomber du ciel: elle se précipite sur la terre comme l'oiseau fond sur sa proie. Nous suivîmes quelque temps un chemin qui traversait des marais; de chaque côté croissaient de grands saules, trempant dans l'eau des fossés leur pâle et doux feuillage, dont la teinte mélancolique se trouvait en parfaite harmonie avec la scène de deuil que j'avais en ce moment sous les yeux. De temps en temps, bien haut dans l'espace, des troupes d'oiseaux de mer passaient en jetant leurs cris stridents et plaintifs. On eût dit que tout concourait pour rendre l'impression que je subissais plus saisissante encore.

Bientôt le commissaire, qui ouvrait la marche, tourna sur sa droite. Les autres hommes firent comme lui, et moi je fis comme eux.

Nous nous trouvâmes alors engagés dans une longue allée droite, plantée d'un double rang d'ifs et de sapins, d'épicéas noirs et de larix argentés, alternant avec des mélèzes et des cyprès. Le soleil couchant les éclairait obliquement, et son dernier rayon pénétrait comme une flèche d'or sous le dôme épais de ces arbres du deuil.

Égayé par cette flamme de pourpre, dernier adieu de la lumière prête à disparaître, un rouge-gorge chantait sur la plus haute branche d'un cèdre, apporté jadis du Liban sur cette terre normande. Il me sembla que c'était comme une hymne suprême que ce petit chanteur du ciel envoyait à ce chanteur de la terre. On se doit bien ces politesses entre musiciens.

« Comme il serait heureux, pensai-je, s'il pouvait entendre cette douce mélodie, lui qui aimait tant le chant des oiseaux. »

L'allée que nous suivions depuis quelque temps déjà conduisait à un vaste enclos, où nous pénétrâmes par une grille ouverte à deux battants.

Le spectacle qui se présenta tout d'abord à mes regards captiva toute mon attention.

Je voyais devant moi une foule de jolies constructions, pareilles à ces maisonnettes que, dans mes jeux d'enfant, je rêvais toujours de bâtir, mais sans réussir toutefois à leur donner cette régularité et cette belle apparence. Autour de ces jolies petites maisons, qui me semblaient si gracieuses et qu'il devait être si agréable d'habiter, on avait inscrit en grosses lettres les noms de leurs propriétaires, afin sans doute qu'il ne vînt à personne l'idée de les déposséder et de prendre leur place. Je connaissais du reste la plupart de ces noms, gravés sur de belles pierres blanches.

Beaucoup d'entre eux appartenaient à des familles amies de la mienne.

« Ce sont là, sans nul doute, les habitations des morts, me dis-je à moi-même; si l'on en donne une aussi jolie à mon pauvre Schmoll, il ne se plaindra pas, car il n'aura jamais été si bien logé. »

Magnus adorait les fleurs, et les petits jardins très bien tenus que je voyais autour des tombeaux les rendaient, à mes yeux, tout à faits enviables... pour lui.

Je me promettais de venir plus tard soigner son jardin. J'y voulais planter un jasmin blanc et un rosier rouge, comme à la fenêtre de ma mère.

Cependant les hommes que je suivais marchaient toujours. Ils traversèrent, sans s'arrêter, la portion de l'enclos où se trouvaient les constructions assez nombreuses que je venais d'admirer, et ils en gagnèrent une autre, séparée de la première par une haie vive, et qui malheureusement ne ressemblait pas à la première.

Là, en effet, plus rien de ce qui tout à l'heure venait de charmer mes yeux. Rien que des tombes misérables, formées par l'amoncellement des terres retirées de la fosse. Aucune de ces tombes n'était ornée d'une croix. Quelques-unes étaient bien recouvertes d'une dalle funèbre, mais sans inscription, comme si on n'avait pas voulu garder la mémoire de ceux qui dormaient là leur sommeil sans fin; comme si l'on s'était proposé d'abolir jusqu'à leur nom.

Dans notre modeste cimetière rustique, c'était là le coin des maudits — le champ du sang — l'*Haceldama*, comme disaient les Juifs, — réservé aux suicidés, qui étaient sortis de la vie en doutant de Dieu, et aux impies, qui avaient repoussé jusqu'à la dernière heure les secours de la religion.

La terre sainte n'était pas faite pour ces mécréants : ils n'avaient pas droit au cimetière bénit.

Je n'avais nulle envie de réclamer pour eux.

Mais que le pauvre Schmoll fût condamné à demeurer éternellement avec ces réprouvés, lui qui ne s'était pas tué — mais qui, bien au contraire, était mort tout à fait malgré lui — et sans avoir jamais fait de mal à personne, voilà qui dépassait mon entendement... Le dogme sévère, absolu, inflexible de la séparation des religions n'avait pas encore été formulé devant moi avec cette netteté et cette précision qui l'imposèrent plus tard à mon esprit, et je croyais que les enfants du même père, qui est Dieu, pouvaient reposer ensemble, sous son regard clément, dans le sein de cette terre dont il les avait tirés.

Il paraît que je me trompais.

Les hommes s'arrêtèrent dans cette seconde enceinte, véritable séjour de désolation, où pas une fleur ne brillait au milieu des ronces et des épines. C'était là que demeurerait éternellement le pauvre exilé. Cette pensée me navra ; elle me glaça d'horreur. Un frisson courut sur moi. Des larmes me montèrent aux yeux, et coulèrent sur mes joues, sans que je songeasse à les essuyer.

D'un geste qui commandait, le commissaire indiqua aux quatre hommes un trou creusé d'avance, béant, et qui attendait.

« Là ! » dit-il.

Profitant des inégalités du terrain, qui cachaient aisément ma petite taille, je m'approchai pour mieux voir, et je parvins, sans avoir été remarqué, jusqu'à une assez petite distance du groupe dont les faits et gestes m'intéressaient si vivement.

Ils déposèrent leur fardeau sur le sol fraîchement remué, puis ils passèrent des cordes par-dessous, et le laissèrent glisser lentement. Bientôt on entendit un bruit sourd. Schmoll arrivait au fond du trou.

A ce moment, un nouveau personnage, venant je ne sais d'où, parut à son tour sur la scène. C'était un vieillard, courbé sous le faix des années, vêtu comme le sont d'ordinaire les jardiniers, pantalon de toile bleue, veste courte et grand tablier devant lui, avec la vaste poche béante, pour recevoir la serpe et le sécateur ; un bonnet de laine rouge couvrait à demi sa chevelure blanche, qui s'échappait par longues mèches, et retombait sur ses épaules.

Il avait l'œil vif et la joue allumée ; la bouche un peu railleuse, comme il arrive souvent à ceux qui contemplent chaque jour le spectacle des ruines humaines, et qui vivent dans la familiarité de la mort. Il ne retira point de ses lèvres une pipe noire, courte et grosse, dont il tirait sans relâche des bouffées de fumée, qui s'exhalaient ensuite en nuages épais autour de sa tête.

Il se pencha un moment sur le trou, puis, de la bêche qu'il tenait à la main, il y rejeta la terre, qui retomba sur le cercueil avec ce retentissement lugubre que n'oublient plus jamais ceux qui l'ont une fois entendu.

Quand la fosse fut remplie, il quitta la bêche et foula longtemps la terre de ses deux pieds, pour la tasser, comme s'il eût eu peur que le mort ne fût tenté de la soulever afin de remonter à la lumière.

Cela me causa une sensation étrange, déraisonnable, que rien ne justifiait, mais qui n'en était pas moins très puissante chez moi... Il me semblait en vérité que c'était sur Schmoll lui-même que cet homme piétinait ainsi, et qu'il allait briser sa poitrine. Cela me faisait plus de mal qu'à lui, et j'aurais volontiers donné quelque chose pour que cette dernière souffrance lui fût épargnée. Mais que pouvait donc faire un enfant? Est-ce que l'on aurait seulement écouté sa voix?

Je me voyais réduit à un rôle absolument passif. Je sus du moins m'y résigner. Je continuai donc à me taire, et à ne plus vivre que par les yeux.

Il rejeta la terre sur le cercueil.

Les porteurs, dont la besogne était faite, s'assirent sur une tombe, pendant que le commissaire de police, seul représentant de l'autorité, griffonnait sur un calepin graisseux quelques notes qui devaient sans doute lui servir pour rédiger son rapport officiel.

Le fossoyeur acheva la tombe et mit dessus quelques pierres qui se trouvaient à sa portée.

« A présent, dit-il, je pense qu'il n'aura pas l'idée de s'en aller...

— C'est une idée qui ne vient guère à ceux que vous

plantez le long de vos allées, jardinier de la mort! » dit un des porteurs, en faisant un paquet de ses cordes.

Le commissaire de police, à qui la gravité de ses fonctions ne permettait pas de prendre part à ces gaietés grossières, fit, de la main, un signe qui congédiait ses hommes.

Ils partirent. Le commissaire les suivit. Le fossoyeur s'en alla le dernier. Je restai seul.

Ce n'était certes point que je voulusse demeurer davantage dans ces tristes lieux, où j'aurais mieux fait certainement de ne pas venir, et où rien ne me retenait plus. Je ne demandais qu'à les quitter.

L'ombre venait, et avec elle le cortège des vaines terreurs qu'elle jette dans l'âme des enfants. Je me disposais à partir aussitôt que ces hommes auraient eu sur moi quelques minutes d'avance. Je ne voulais pas être aperçu d'eux. Je leur dérobais ma présence comme si elle eût été criminelle. Mais chaque minute ajoutait encore à mon effroi.

Il me semblait que tous les morts allaient sortir de leurs tombes, et danser autour de moi ces rondes fantastiques, dont j'avais entendu parler tant de fois dans les légendes que l'on me racontait le soir pour m'endormir... et qui ne m'endormaient pas.

Je me levai enfin pour partir. J'arrivai sans peine au cimetière des fidèles, que j'avais traversé tout d'abord pour parvenir au coin des maudits; mais, une fois là, je ne pus reconnaître, entre plusieurs allées, celle qui conduisait à la grille par laquelle j'étais entré. Au milieu de ces tombes, qui se ressemblaient toutes, et de ces jardins, que je ne pouvais distinguer les uns des autres, il me fut impossible de m'orienter. Je marchais toujours et je n'arrivais jamais. Mon but semblait reculer devant moi. Je ne faisais que tourner sur moi-même, pour me retrouver toujours à la même place.

Je commençai à croire que j'étais complètement égaré au milieu de cet inextricable labyrinthe de sépulcres; que je me trouvais tout à fait hors de ma voie, et que je ne parviendrais pas à reprendre la route qui m'eût mené à la grande porte du cimetière. Qui pouvait d'ailleurs me garantir qu'à pareille heure elle ne serait pas fermée — et fermée jusqu'au lendemain? Il me faudra donc passer la nuit tout entière ici, me disais-je, loin des miens, que je n'aurais pas dû quitter, au milieu de tous ces défunts, dont il me semblait que j'entendais le gémissement et la prière.

Le désespoir dans l'âme, l'angoisse au cœur, pleurant amèrement, je me laissai tomber au pied d'une grande croix de bois, me demandant si j'aurais vraiment la force de supporter ces longues heures de solitude et d'abandon, et si, le lendemain, on ne trouverait point un mort de plus parmi les morts.

N'osant plus m'aventurer au milieu de ces tombes, qui, sous les ombres du soir, revêtaient parfois des aspects fantastiques, ne sachant vraiment où porter mes pas, je résolus de ne point m'éloigner de l'abri protecteur que j'avais choisi, et j'étreignais l'arbre du salut dans mes faibles bras, avec une ardeur que m'aurait enviée le plus fervent des néophytes.

Tout ce que j'étais capable de faire, c'était de me soulever de temps en temps du tertre de gazon sur lequel je m'étais affaissé, pour saisir les moindres bruits flottant dans l'espace, qui pouvaient arriver jusqu'à moi et m'apporter quelque indice d'une présence amie.

Longtemps, hélas! je n'entendis que le silence.

Mais, tout à coup, un soupir et un sanglot, exhalés tout près de moi, attirèrent vivement mon attention. Ce soupir et ce sanglot avaient bien l'accent d'une douleur réelle, humaine, vivante... Ils ne pouvaient sortir de la poitrine sans cœur des pâles trépassés qui m'entouraient.

Cette douleur, à laquelle je ne demandais pas mieux que de compatir, eut pour premier effet de me rendre quelque courage ; car, en un tel moment, ce que je craignais le plus, c'était la solitude. La présence d'une autre créature de Dieu, fût-elle plongée dans le désespoir, n'eût-elle à me faire partager que ses larmes, me semblait déjà un immense bienfait. Une personne de la ville, quelle qu'elle pût être, ne demanderait pas mieux que de me ramener chez nous. Pour le moment, c'était bien tout ce que je souhaitais.

Je ne craignis point, cette fois, de me lever tout à fait, et, quand je fus debout, de promener mes yeux autour de moi. Je pus voir alors que j'étais revenu tout près de ce cimetière des maudits où s'était passée, quelque temps auparavant, la scène par laquelle je m'étais senti si profondément impressionné.

Sous un rayon de la lune naissante, j'aperçus, agenouillée ou plutôt prosternée, dans l'attitude de la prière et de la douleur, une femme dont il ne me fut point tout d'abord possible de distinguer les traits. Elle portait le costume des ouvrières et des femmes du peuple de notre pays, costume fort simple, sans caractère et sans grâce, qui pouvait bien appartenir à cinq cents personnes dans notre petite ville.

C'était sur la tombe de Schmoll que cette inconnue priait et pleurait.

Elle avait déposé tout près d'elle une de ces cruches de cuivre, étincelantes comme l'or, dont se servent nos ména-

J'aperçus une femme agenouillée.

gères pour aller, matin et soir, traire le lait de leurs vaches.

Ce dernier détail, qui dans d'autres circonstances eût pu me sembler prosaïque et vulgaire, me causa une véritable joie. Je connaissais un certain nombre de ces braves créatures. Je savais à quel point elles étaient serviables et bonnes, et je ne doutai point que celle-ci ne se fît un véritable plaisir de me rendre les bons offices que j'allais réclamer d'elle.

Cependant je n'osais encore quitter le lieu d'asile que j'avais choisi, ni m'éloigner de la croix tutélaire, pour me hasarder de nouveau à travers les tombes. Par deux fois, et d'une voix si pleine d'angoisse et de supplication qu'il me semblait impossible que l'on me résistât, j'appelai :

« Madame ! madame ! »

La femme ainsi interpellée se releva avec une vivacité extrême, et, d'un bond, se retrouva sur ses pieds.

Presque en même temps, elle se retourna dans la direction d'où partait la voix, voulant, sans aucun doute, savoir qui pouvait bien l'appeler dans un pareil lieu et à pareille heure.

« Thérèse ! Thérèse ! » m'écriai-je avec un vrai transport.

Et, sans attendre sa réponse, je m'élançais vers l'excellente fille que je venais de reconnaître ; je saisissais une de ses deux mains, et de celle des miennes qui restait libre, je me suspendais à sa jupe, comme font les enfants quand ils sont fatigués ou qu'ils ont peur.

Thérèse pressa son front et ses yeux dans sa large paume, comme on fait quand on veut rappeler ses souvenirs ou éclaircir ses idées. Mais, à vrai dire, je crois qu'elle voulait tout simplement essuyer les larmes qui gonflaient ses paupières, et dont quelques-unes avaient glissé jusqu'au bas de ses joues.

Elle m'embrassa, et, d'une voix que son émotion faisait trembler :

« Vous ici, mon bijou ! me dit-elle très doucement ; mais comment cela se fait-il ? Je n'en crois pas mes yeux.

— Mon Dieu ! c'est bien simple, et je vais te le dire. J'étais allé du côté du château...

— Eh ! pourquoi faire ?

— Pour me promener !

— Tout seul ?

— Tout seul !

— Et madame ?

— Maman n'était pas là !

— Enfin, vous êtes allé au château ?

— Oui, j'ai voulu faire une visite à ce bon Schmoll.

— Hélas ! ce n'était pas le moment !

— Oh non ! fis-je en hochant la tête. Je suis arrivé comme on l'emportait... J'ai voulu voir ce qu'on allait en faire... et j'ai suivi les hommes... »

Thérèse m'écoutait à peine.

« N'est-ce pas que c'est vraiment affreux ? fit-elle avec un redoublement de larmes.

— Oui affreux ! repris-je comme un écho, tandis que mes regards se reportaient d'eux-mêmes sur la tombe du musicien. Cela m'a fait bien de la peine quand j'ai vu tout cela, et j'ai eu bien peur quand je n'ai plus vu personne. Mais dis-moi, Thérèse, comment se fait-il que, toi aussi, tu sois venue au cimetière ?

— Je passais par là, » dit-elle avec une grande bonhomie, et d'un air si simple qu'il semblait difficile de mettre en doute sa sincérité.

Mais moi, avec ma malice d'enfant :

« C'est donc le chemin pour aller quelque part? lui dis-je ; je ne le savais pas ! Où allais-tu?

— Mais vous le voyez bien, méchant ! me dit-elle d'un ton de reproche, et en replaçant sa cruche sur son épaule : je revenais de la Madeleine (la Madeleine était une petite terre que nous possédions à quelque distance de la ville), où je vais soir et matin traire les vaches... comme vous savez ! J'ai pris au raccourci, parce que j'étais un peu en retard, et j'ai vu ces quatre hommes qui sortaient du cimetière sans croix ni curé... Je savais que ce pauvre M. Schmoll était mort d'hier... J'ai tout compris, et je me suis dit que ce n'était pas un motif, parce que le malheureux n'était pas de notre religion, pour qu'on l'enterrât comme un chien... sans que personne vînt faire un bout de prière pour lui... Je n'ai pas voulu cela ! Cette pensée me faisait trop de mal... j'ai donc fait un petit détour ; j'ai pris le chemin de la Cavée ; j'ai enjambé par-dessus l'escalier que vous voyez là-bas, auprès du gros if, et j'ai récité sur sa tombe un *Pater* et deux *Ave*. Je n'avais pas le temps d'aller jusqu'à la dizaine !... Maintenant, que le bon Dieu fasse ce qu'il voudra ! c'est toujours cela de dit ! »

Thérèse ne songeait plus à cacher ses larmes : elles tombaient par torrents... ses yeux étaient comme deux fontaines débordées. Elle essuya ses joues avec le coin de son tablier de rude étoffe ; puis, avec un mouvement d'épaule, retrouvant son énergie de paysanne, elle secoua en quelque sorte sa douleur, et, me prenant par la main :

« Allons-nous-en ! dit-elle. Il passe des nuages sur la lune aujourd'hui ; ce sera nuit noire avant un quart d'heure. Il ne faut pas nous attarder par les chemins. Mais, j'y pense ! comment seriez-vous donc revenu sans moi ?

— Je n'en sais rien. Je crois que je ne serais pas revenu du tout ! répondis-je en me serrant contre elle avec un frisson.

— Méchant enfant ! et votre mère ?

— Mon Dieu ! ce n'était pas ma faute... puisque je ne pouvais pas retrouver ma route...

— Qu'allez-vous lui dire en rentrant ?

— Je ne sais pas ! Je vais tâcher de me coucher sans qu'elle me voie... Tu m'apporteras à souper dans mon lit.

— Avec cela que ce serait possible de rentrer sans qu'elle vous vît ! est-ce que Madame ne voit pas tout ? »

Je courbai la tête, en me résignant d'avance à subir toutes les conséquences de ma faute. Il faut bien souffrir ce qu'on ne peut empêcher !

« Allons ! un peu de courage ! dit Thérèse, je vais tâcher de vous sauver encore de celle-là ! Nous rentrons ensemble. Je dirai que je vous ai emmené au pré avec moi... Cela va peut-être passer !

— Espérons-le ! en tout cas, je ne t'en remercie pas moins, bonne Thérèse !

— Ne me remerciez pas ! mais, ce soir, avant de vous coucher, faites aussi, vous, une petite prière pour ce pauvre homme... qui vous aimait tant ! Le bon Dieu écoute parfois les prières des enfants !

— Tu crois donc que ce brave Magnus m'aimait un peu ? demandai-je en regardant la cuisinière du coin de l'œil.

— Il vous aimait beaucoup ! » répondit-elle gravement.

Nous avions atteint déjà les premiers arbres de la longue allée de peupliers et de tilleuls qui fait à la ville une sorte d'avenue seigneuriale, et déjà nous apercevions les réverbères du faubourg — que le gaz n'avait pas encore relégués avec les vieilles lunes. — Leurs rouges lueurs nous guidaient, comme eût fait le rayon tremblant d'une étoile. Nous n'échangions plus que de rares paroles : chacun de nous vivait avec sa pensée.

Le cœur me battait bien un peu quand je franchis le seuil de la maison ; mais Thérèse, par un mensonge que Dieu lui pardonnera, je l'espère, en faveur de sa bonne intention, détourna sur sa tête l'orage qui menaçait la mienne. Elle prétendit qu'elle m'avait emmené avec elle. On la gronda ; mais je n'eus pas le fouet. Elle trouva que cela valait mieux ; je fus de son avis.

A partir de ce jour-là, je devins le favori de Thérèse, et elle mit beaucoup plus de confitures sur mes tartines.

Mais aussi, triste compensation, je sentis depuis lors se développer en moi le germe d'une mélancolie qui devint la compagne la plus assidue de ma jeunesse. Je ne vis jamais revenir l'heure triste du soir, où l'on avait enterré devant moi le pauvre musicien, sans que ma pensée se reportât vers le cimetière des maudits. Plus tard, quand je quittai la famille pour le collège, j'eus des camarades, j'eus même des amis ; mais je n'oubliai jamais tout à fait Magnus.

Bien souvent, quand le soleil se penchait à l'horizon, quand les premières ombres descendaient sur la terre, ma pensée retournait vers lui... Je me souvenais du commissaire, des quatre hommes emportant la longue boîte blanche sur leurs épaules — et de Thérèse, versant sur la terre fraîchement remuée ses larmes et ses prières, et je finissais ma partie de moins bon cœur.

FIN

LES

ROSES DU DOCTEUR

LES ROSES DU DOCTEUR

I

Quand j'avais le bonheur d'être collégien, sans me douter encore que ce fût un bonheur, je passais mes vacances chaque année dans une petite ville de Normandie, fort agréablement située, et qui doit sa célébrité à l'excellence de son beurre beaucoup plus qu'à l'honneur de m'avoir donné le jour.

De fréquentes promenades sur un poney corse, proportionné à ma taille modeste, la pêche des crabes à la marée basse, la chasse aux moineaux le long des routes, enfin tous ces sports naïfs chers à la première jeunesse, m'y faisaient paraître le temps trop court.

Cependant j'y vivais à peu près seul, car j'avais déjà une pointe d'humeur sauvage, et, si j'adorais mes amis, je trouvais peu de charme à ce que l'on appelle la camaraderie.

Un soir, je revenais bredouille, après avoir fait buisson creux toute la journée, car les moineaux, à la fin des vacances, devenaient plus malins que moi et sentaient ma poudre. Honteux de rentrer le carnier vide, et faisant flèche de tout bois, je ne rougis point d'assassiner, au détour d'un chemin, un innocent rouge-gorge, au milieu de la plus belle roulade de sa chanson à l'automne. Je me suis, depuis lors, reproché ce crime amèrement, et je me rends cette justice que je mourrais de faim aujourd'hui plutôt que de mettre à mal une pauvre petite créature du bon Dieu. Mais j'étais alors à l'âge sans pitié et ne voyais que le butin.

Je courus pour ramasser ma victime, qui se débattait, dans les convulsions de l'agonie, en souillant de poussière son beau plumage éclatant.

« Barbare ! » murmura derrière moi une voix indignée.

Je me retournai, et j'aperçus un petit vieillard qui me parut le plus singulier du monde.

Il ne devait pas avoir beaucoup moins de soixante et dix ans. Sa figure, complètement rasée, laissait voir un teint blanc comme la cire d'un cierge. Pas la plus légère ride sur son grand front ; mais deux yeux vifs, bleus comme des pervenches, et dont la flamme ardente illuminait son visage.

« Bonsoir, docteur ! » lui dis-je sans prendre la peine de justifier ma méchante action, et comme si j'eusse attaché peu d'importance à l'opinion de ce vieillard inoffensif.

Bien que le hasard ne m'eût jamais donné l'occasion d'avoir le moindre rapport avec le docteur Richard, je le connaissais parfaitement. Est-ce que tout le monde ne se connaît pas dans une petite ville comme la nôtre ?

Le docteur était d'ailleurs trop original pour n'être pas remarqué, même d'un collégien qui n'avait pas encore atteint l'âge où l'on devient observateur.

Comme il avait été jeune au temps où Louis XVIII était roi, M. Richard avait conservé la tenue, le costume et la coiffure de ce spirituel monarque : la culotte courte, les bas de soie noire et les souliers à boucles, l'habit bleu à larges

Je courus ramasser ma victime.

revers et à boutons d'or ; il n'y manquait que les épaulettes pour ressembler tout à fait au plus constitutionnel des monarques. La coiffure me parut tout un poème. Imaginez des cheveux blancs, fins, légers, argentés, rares au sommet de la tête, épais à la nuque, relevés de chaque côté sur les tempes et, par leur palpitation pleine de vie, rappelant à l'œil et à l'esprit ce battement d'ailes du pigeon, qui avait donné son nom à la mode du temps. Le docteur était coiffé à l'aile de pigeon ! Une petite queue, emprisonnée dans un ruban noir replié un nombre infini de fois sur lui-même, coquette, capricieuse et provocante, que l'on eût pu croire animée d'une vie à elle, frétillait, comme une anguille avant d'être écorchée, sur le collet bleu de l'habit.

Bien que les années l'eussent blanchi à frimas, le docteur n'en faisait pas moins une énorme consommation de poudre à l'iris, qui retombait comme un nuage sur les parements, sur les revers, et jusque sur les basques de son bel habit bleu. On eût dit qu'il sortait d'un moulin. Quand il faisait un mouvement, cette poudre voltigeait autour de lui. Dans ces moments-là, il avait vraiment l'air de marcher dans un nuage, comme les dieux d'Homère, avec lesquels du reste il n'avait aucune ressemblance.

« Bonjour! bonjour! » me dit-il d'une voix très douce, un peu faible, et dont le timbre me parut étrange, une voix qui paraissait faite pour s'entretenir avec les ombres. Cette voix, tout à la fois voilée et pénétrante, qui ne ressemblait à rien de ce que j'avais entendu jusque-là, me causa une impression singulière, indéfinissable. Je sentis un trouble vague s'emparer de moi. Je regardai le docteur plus attentivement que je n'avais encore fait. Je commençai à croire qu'il y avait en lui quelque chose qui attirait mes regards invinciblement, car je ne pouvais les détacher de ces yeux un peu tristes, mais profonds et calmes, et singulièrement doux.

Je dois vous avouer ici que le docteur Richard, malgré la parfaite honorabilité de sa vie, malgré l'aisance relative dont il jouissait dans une petite ville comme la nôtre, où les occasions de dépense n'étaient pas fort nombreuses, n'avait pas obtenu toute la considération à laquelle, sans aucun doute, il avait droit. Il passait pour un être fantasque et bizarre. Les gens sages, les bourgeois sensés, les propriétaires qui savent que deux et deux font quatre, le trouvaient un peu drôle, et ceux qui n'avaient rien dans la cervelle se frappaient le front d'un air capable en le regardant, et se disaient tout bas :

« Il a quelque chose là ! »

Comme je vivais dans l'intérieur d'une famille austère, les commérages de la petite ville ne m'arrivaient que rarement, et tout à fait par hasard. Ma mère, naturellement ennemie des paroles oiseuses, ne les encourageait pas. Cependant j'avais entendu parler quelquefois du docteur : je savais qu'il n'était pas tout à fait un homme comme un autre, et, comme c'était la première fois que je me rencontrais face à face avec lui, je le regardai avec plus d'attention peut-être que je n'en accordais d'ordinaire à mes semblables... surtout quand ils me ressemblaient si peu.

Le docteur s'aperçut-il de mon inconsciente curiosité ? devina-t-il l'espèce d'intérêt qu'il m'inspirait ? Je serais tenté de le croire, car il essaya, à son tour — je m'en aperçus bien — de deviner ce qui se passait en moi. Je ne sais quel fut le résultat de son examen, mais il me dit bientôt, avec une gravité d'oracle et un ton sentencieux :

« Jeune homme, ce n'est pas bien ce que vous avez fait là ! Il a été écrit : « Tu ne tueras point. » La vie d'une créature n'est pas à nous : elle est à Dieu. Celui-là seul a le droit de la prendre, qui a le pouvoir de la donner.

— Ah ! docteur, vous êtes sévère ! répondis-je en riant. Quel gros sermon pour un si petit péché ! Après tout, je n'ai tué qu'un passereau.

— Il ne voulait pas mourir. Quel mal vous avait-il fait, et quel bien allez-vous retirer de sa mort ? Vous ne le mangerez pas, j'imagine ? Ce serait une horreur !... et vous n'en auriez pas une bouchée ! Lui pourtant ne gênait personne, le pauvre petit ! Il détruisait tous ces insectes malfaisants qui dévorent nos jeunes plantes et nos pousses naissantes... et quand il avait fini ce dîner, qui ne nous coûtait jamais rien, il charmait le bocage de ses mélodies. Le rouge-gorge, c'est le rossignol de l'automne ! Celui que vous avez tué venait tous les matins dans mon jardin... et demain je n'aurai pas ma chanson ! »

Je ne sais vraiment trop quelle réponse j'allais faire à ces doléances, et je regardais assez niaisement le pauvre oiseau, dont une goutte de sang maculait la gorge empourprée, quand deux ou trois promeneurs, qui venaient vers nous, interrompirent brusquement l'entretien. Le docteur, naturellement timide, et même un peu sauvage, n'avait aucun goût pour les nombreuses compagnies ; aussi disparut-il sans ajouter un seul mot. Sa maison n'était pas loin. Il y rentra sans doute. Je ne le vis plus ce jour-là ; mais il m'avait laissé dans l'âme je ne sais quel trouble qui ressemblait à un remords.

Les vacances, avec leurs distractions accoutumées, m'emportèrent dans un mouvement de plaisir assez vif pour que ce bon vieux médecin ne dût pas me préoccuper longtemps outre mesure. J'y pensai un peu tout d'abord, puis moins, puis je l'oubliai tout à fait.

Une nouvelle rencontre, due, comme la première, absolument au hasard, devait nous mettre une seconde fois en rapport, et d'une façon un peu plus intime.

Une après-midi, je me promenais le fusil à l'épaule, selon ma coutume, le long d'un petit sentier agreste, bordé de ces haies magnifiques dont l'opulente végétation suffirait à prouver la vigueur de la terre normande. Je passais de longues heures à leurs pieds, bercé par la fallacieuse espérance, souvent déçue, mais toujours renaissante, de surprendre traîtreusement quelque merle sans défiance, occupé à picorer ces baies rouges de l'aubépine, que dans la langue du pays nous appelons des *hagues*. Un de ces beaux siffleurs, au bec jaune et à la robe lustrée, attirait mon attention depuis un moment, et je m'apprêtais à essayer sur lui la justesse de mon coup d'œil, quand, tout à coup, de joyeuses clameurs, des cris mêlés de rires et de véritables huées, telles que parfois on les entend quand le peuple, en Normandie, pousse sa clameur de haro sur quelque chose ou sur quelqu'un, effrayèrent l'oiseau, qui partit à tire-d'aile, emportant avec lui l'espoir de mon souper.

Je ne devais pas être éloigné de ce charivari, et il ne me fut pas difficile, en prêtant l'oreille, de reconnaître que tout ce bruit partait d'un chemin parallèle à celui que je suivais moi-même, et dont il était séparé par un de ces grands herbages dont les clôtures superbes, faites de ronces, d'épines, de troènes et de sureaux, que surmontent des futaies de hêtres et de frênes, de grands chênes et d'ormeaux géants, donnent un si beau caractère à cette portion de notre France où les grâces bocagères se mêlent à la richesse des prairies.

Je coupai au plus court, et marchai droit au tapage, qui allait croissant toujours.

J'arrivai bientôt au bord de la route, dont je n'étais plus séparé que par une dernière haie, déjà éclaircie par le bas, et qui me permit de saisir les détails d'une scène assez étrange à laquelle je pouvais ainsi assister sans m'y mêler.

Sept ou huit jeunes drôles, échappés à la férule du

magister, et préférant au charme de ses leçons les délices de l'école buissonnière, harcelaient de leurs rires, de leurs plaisanteries et de leurs sarcasmes le malheureux vieillard qu'ils venaient de rencontrer dans ce chemin de petite communication, où il ne passait presque personne. Se croyant sûrs de l'impunité, ils abusaient de la supériorité du nombre pour tourmenter sans vergogne la pauvre victime de leurs méchants tours. Les uns lui demandaient où il allait ainsi, tout seul par les chemins, sans sa bonne; les autres voulaient le reconduire chez lui.

« Dites donc, papa Richard, si votre queue vous gêne, voulez-vous que je vous la coupe? » dit un blondin de huit ans, à la mine éveillée et maligne.

« Hé! hé! monsieur le docteur, dit à son tour le plus âgé de la troupe, à qui donc allez-vous porter ces jolies roses? »

Ces derniers mots attirèrent mon attention sur un magnifique bouquet, que le vieillard tenait à la main, et qu'il s'efforçait de préserver des atteintes de ses persécuteurs.

J'étais bien résolu à faire cesser au plus tôt une scène où l'inconvenance le disputait à la cruauté, et à débarrasser le bon vieillard de cette meute acharnée après lui. Et cependant, je ne sais quelle curiosité malsaine, mais invincible, me poussait à la laisser durer quelque temps encore, pour voir sans doute jusqu'où iraient et la méchanceté des uns et la patience de l'autre.

Rassurés par leur nombre et par la faiblesse du vieillard, les jeunes vauriens s'étaient rapprochés du docteur et le serraient maintenant de si près, que les plus avancés le touchaient presque.

A qui portez-vous ces jolies roses?

Il arrive toujours un moment où les gens les plus timides, se sentant poussés à bout, comprennent qu'il ne leur reste plus d'autre ressource que de prendre une audacieuse offensive. Le petit vieillard se retourna par une volte soudaine et fit face à ses ennemis.

A ce moment je crus vraiment voir un autre homme. L'œil bleu jeta des éclairs; la joue pâle s'enflamma; la petite queue s'agita avec les soubresauts d'un serpent en colère, et les ailes de pigeon se soulevèrent autour des tempes lisses et pâlies. Puis, complétant sa mimique imposante par un geste menaçant, le docteur leva la main, brandit sa canne, — un joli jonc à pomme d'or, — et fit deux pas en avant : les assaillants stupéfaits reculèrent de quatre pas, effrayés, plus étonnés encore. Ils n'avaient pas cru à tant de hardiesse.

Mais, comme si cet effort eût épuisé le docteur, il s'arrêta tout à coup : la main qui avait soulevé la canne retomba inerte à son côté; sa joue, légèrement teintée tout à l'heure, redevint d'une pâleur mortelle, et je vis couler sur son front les grosses gouttes d'une sueur glacée. Lui-même se sentit si faible, qu'il fut obligé de s'arrêter contre un arbre pour ne pas tomber. Mais, chose étrange, la préoccupation de sa sécurité personnelle ne lui fit point oublier le soin de ses roses, et je le vis, au moment où il ferma les yeux à demi, rapprocher le bouquet de sa poitrine et s'efforcer de le protéger encore du seul bras qui lui restait libre.

Ce mouvement de recul ne devait point échapper longtemps à des ennemis sans pitié. Pareils aux limiers qui se ruent sur le cerf aux abois, ils resserrèrent le cercle autour de lui : il était désormais leur prisonnier.

Si jamais le droit d'intervention des forts en faveur des faibles put s'exercer légitimement, ce fut bien dans un cas comme celui-là. Tous les torts étaient du côté de l'agresseur, la victime n'avait contre elle que son impuissance.

II

Au moment où toutes les chances semblaient favoriser nos jeunes bandits, je parus tout à coup sur le champ de bataille, et la face des choses fut changée. J'écartai vivement les broussailles qui couronnaient le terre-plein d'une sorte de banquette irlandaise, ménagée entre deux fossés, et, prenant un vigoureux élan, je franchis le dernier obstacle et tombai au milieu de la route, les cheveux au vent, l'œil en feu, et, ce qui impressionna le plus vivement la troupe ennemie, le fusil à la main.

Dieu m'est témoin que je n'avais pas envie de faire usage de cet engin meurtrier; mais la démonstration n'en eut pas moins un effet très satisfaisant; mon arrivée, qui sans doute eut pour eux tous les caractères d'une apparition, mit les écoliers en fuite. Ils prirent la volée comme une bande de moineaux effarouchés. En une seconde la route fut débarrassée, et il ne resta pas un seul ennemi visible à l'horizon. Il était temps d'obtenir ce premier résultat, car le vieillard était si ému et tellement troublé, qu'il n'aurait pu, j'en suis sûr, supporter une minute de plus, sans danger, la présence de ses persécuteurs.

Je courus aussitôt à lui. Il s'était assis, ou plutôt laissé tomber sur un de ces mètres de pierres, que les cantonniers amoncellent de place en place pour les besoins de ces routes qu'il faut toujours réparer, et il ne faisait plus un mouvement.

Je courus à lui. Il rouvrit les yeux, me reconnut tout de suite, et n'eut pas de peine à comprendre ce qui s'était passé. Son premier soin fut d'écarter de lui mon fusil, qui lui faisait peur, puis il essaya de me remercier.

« Ne parlez pas encore ! » lui dis-je, en remarquant à quel point il était faible.

Il baissa la tête, et, par deux fois, passa son mouchoir sur son front, puis il me serra silencieusement la main, regarda avec beaucoup d'attention son magnifique bouquet, et s'assura que ses roses n'avaient pas trop souffert. Ce fut seulement alors qu'il me regarda moi-même. Il me remercia avec beaucoup d'effusion du service que je lui avais rendu, et que sa reconnaissance exagérait beaucoup, car il m'appela son jeune bienfaiteur.

« Ce que j'ai fait est bien peu de chose, et j'ai été charmé de vous obliger, lui répondis-je sans lui laisser le temps d'insister. Mais permettez-moi de vous dire que les chemins ne sont pas sûrs, et que peut-être vous ne devriez pas vous hasarder, comme vous le faites souvent, si loin de chez vous.

— A cause des enfants ! répliqua-t-il avec un léger mouvement d'épaules. Ah ! je sais bien qu'ils sont quelquefois trop gais... mais pas si méchants qu'ils en ont l'air... Ce n'est pas à moi qu'ils en veulent... Il y a plus de six mois qu'ils ne m'avaient rien dit. Peut-être que mes roses leur ont fait envie, ajouta-t-il en couvant son bouquet d'un œil jaloux. Ils ne les auront pas! » Ici il eut un geste d'avare qui défend son trésor. « Mais, reprit-il, je leur pardonne de bon cœur, allez! C'est jeune... ça ne comprend pas... ça fait le mal sans savoir, sans y penser... comme vous l'autre jour, ajouta-t-il en désarmant son reproche de toute amertume par l'accent de sa voix, ... comme vous l'autre jour... lorsque vous avez tué mon pauvre rouge-gorge.

— Je ne recommencerai pas! lui dis-je en serrant sa main. A présent, je ne tue plus que des merles!

— Parce que c'est plus gros, dit-il en riant un peu. Tenez vous paraissez bon, et, vraiment, je voudrais vous voir chercher d'autres plaisirs.

— Ne soyez pas trop sévère, répliquai-je, contre un pauvre collégien en vacances, qui repart dans huit jours, et qui n'aura bientôt plus le temps de faire de mal à personne.

— Vous n'aurez pas davantage le temps de me faire du bien! dit-il avec beaucoup de grâce.

— Puisque j'ai été assez heureux pour vous rencontrer, répondis-je en passant mon fusil en bandoulière, permettez-moi de vous accompagner dans votre promenade. Je sais que vous n'avez nul besoin de moi, mais du moins je n'aurai pas le chagrin de penser que vous êtes seul... Voyez, il se fait déjà tard! »

Ma proposition, si simple en apparence, et que j'avais tout lieu de croire absolument inoffensive, parut effrayer singulièrement le vieillard.

« Non! non! s'écria-t-il avec une vivacité extrême;

vous êtes vraiment trop bon... mais je ne veux pas être importun... Je craindrais d'abuser de votre obligeance... Je ne veux déranger personne... Vous ne le diriez pas ; mais je le saurais ! j'ai l'habitude d'ailleurs de faire mes courses tout seul... toujours tout seul... vous savez bien !... Adieu donc, adieu et merci ! »

Le docteur s'éloigna rapidement. Mais, au bout de quelques pas, il se retourna, comme s'il eût voulu me voir une fois encore. Puis, comme s'il eût craint que sa réponse ne m'eût blessé, il revint à moi, prit ma main, qu'il serra à deux reprises, et, d'une voix très douce, comme un père parle à son enfant :

« J'espère bien que vous n'êtes pas fâché ? me dit-il. Oh ! ce serait très mal, si vous l'étiez ! car je n'avais certes pas l'intention de vous offenser. Mais, voyez-vous, je me promène toujours seul... vous savez ! »

C'était la vérité : j'en convins de bonne grâce. Mais la petite contrariété que je venais d'éprouver ne se dissipa point aussi vite que je l'aurais voulu : il en resta sur mon visage quelque chose, une ombre, que M. Richard surprit au passage. Comme il était disposé à se montrer jusqu'au bout bon et affectueux pour moi :

« S'il vous plaît de me revoir, me dit-il, vous ne doutez point que j'en serai charmé. Je sais bien — ajouta-t-il avec une modestie très sincère — que ce ne sera de votre part qu'une simple politesse. Votre âge ne recherche guère les gens du mien... mais vous n'en serez que plus aimable de venir voir parfois le vieux solitaire. »

Il s'en alla, me laissant immobile et perplexe à la même place.

En ce temps-là, j'avais peut-être plus de curiosité que de

discrétion. Je dois donc avouer que mon premier mouvement me porta à suivre le vieillard... Oh! d'un peu loin... de manière à conserver toujours mes distances, et à ne pas me laisser surprendre en flagrant délit d'espionnage.

Je revins bientôt à de meilleurs sentiments : je rougis de la mauvaise action que j'avais été sur le point de commettre, et, sans même chercher à savoir quelle direction le docteur allait prendre, je tournai brusquement les talons.

Je rentrai sans avoir tué mon merle. Les malins oiseaux voyaient bien que j'étais distrait, et, tout en picorant les sorbes sauvages, d'un rouge éclatant comme le corail, et les baies acides des prunelliers verts, ils me sifflaient à cœur joie.

Les merles avaient raison.

Je n'étais point en ce moment un chasseur bien dangereux, je ne songeais qu'au docteur Richard. Je me demandais où il pouvait bien porter ses roses, et, quoique la chose ne me regardât point, elle ne laissait pas que de me préoccuper singulièrement. Mais je comprenais bien que, s'il y avait là quelque mystère, il ne me serait guère possible de le découvrir. Les mêmes motifs de discrétion qui m'avaient empêché de suivre le docteur ne me permettraient point de faire la moindre tentative pour apprendre d'une façon plus ou moins détournée ce qu'il n'avait pas jugé à propos de me dire.

Cependant le temps, ce grand maigre qui marche plus vite encore peut-être pendant les vacances, menaçait les infortunés collégiens d'une rentrée prochaine. Encore quelques jours, et il me faudrait dire adieu à cette maison paternelle qu'on n'aime jamais tant qu'au moment de la quitter. Je partirais donc sans avoir deviné le mot de l'énigme. Ma curiosité se trouvait ajournée à un an. C'est un long terme !

Mais le docteur m'avait invité à lui faire un bout de visite. C'est ce que je n'avais garde d'oublier. Le hasard est grand, me disais-je ; qui sait si, dans la conversation, il ne lui échappera point quelque parole imprudente qui me mettrait sur la piste cherchée ?

J'allai donc le voir.

Je le trouvai chez lui un tout autre homme que sur les chemins. On ne pouvait certes pas dire qu'il fût d'une gaieté folle. Loin de là : il gardait toujours son air mélancolique ; mais le malaise évident et l'espèce de gêne qui m'avaient frappé dans nos promenades avaient complètement disparu. Son accueil fut affectueux jusqu'à la cordialité. Il devinait la déférence presque filiale avec laquelle je l'écoutais, et (c'est une nuance de son caractère que j'ai connue plus tard) cet homme excellent, que rendait malheureux une perpétuelle défiance de lui-même, avait besoin de se sentir aimé par ceux qui l'entouraient. C'était à cette condition, et à cette condition seulement, qu'il se livrait.

Avec moi il se livra, et fut charmant.

Sa conversation me plut extrêmement, et rien n'est difficile à un vieillard comme de plaire à un très jeune homme. La sympathie descend plus aisément qu'elle ne remonte. Il en est de nos âmes comme des ruisseaux : elles suivent les pentes. Le docteur parlait de tout avec beaucoup d'esprit et d'agrément, et aussi avec une pointe d'originalité qui me faisait mieux comprendre la réputation qu'il avait dans notre petite ville. Aucune morgue ; nulle pédanterie. Il répétait assez volontiers que ceux qui en savent le plus n'en savent pas bien long, et qu'avec du bon sens on devinait plus de choses que l'on n'en pourrait apprendre dans les livres. Cet aveu, dépouillé d'artifice, ne pouvait que flatter singulièrement un collégien, naturellement porté à trouver les heures de l'étude trop longues et celles de la récréation trop courtes.

Le bon docteur ne me laissa point partir sans m'avoir fait promettre de revenir le voir, — ce que je fis de grand cœur.

J'étais dans l'âge où l'imagination se frappe assez aisément. La physionomie si originale du docteur Richard produisit sur moi une impression profonde. Je ne riais plus de ses façons un peu étranges, et je ne songeais pas à m'étonner de son costume du temps passé. J'étais sous le charme de son esprit et de sa bonté. En le quittant, je ne songeais qu'à lui, et je n'avais guère envie de parler d'autre chose.

« Tu as plein la bouche de ton docteur ! me dit Juliette, une de mes cousines, rieuse et malicieuse fillette de quinze ans, peu enthousiaste de sa nature. — Toujours le docteur Richard ! Tu nous en rebats les oreilles. A t'entendre, il n'y a plus que lui au monde, et, quand il a passé, il ne reste plus qu'à tirer l'échelle. Comme c'est flatteur pour les autres ! Mais demande-lui seulement, pour voir un peu, de te donner une rose de son jardin, et je crois que tu changeras de ton.

— Eh ! pourquoi donc ? dis-je assez intrigué.

— C'est un mystère, riposta vivement Juliette, et ce n'est pas toi, j'imagine, qui parviendras à le percer. Sache seulement que *ton ami* (Juliette prononça ces deux mots avec une sorte d'emphase) a les plus belles roses de

tout le pays... des roses qui ont fait envie à bien des gens...
et qu'il n'en a jamais donné à qui que ce soit... Je voudrais
bien en avoir une demain soir pour mettre dans mes cheveux. »

Juliette avait de très beaux cheveux blonds, auxquels les
roses allaient bien.

« Tu sais, continua-t-elle, que nous irons jouer des
charades et prendre le thé chez M. le juge de paix ?

— Tu auras ta rose ! dis-je en mettant la main sur mon
cœur, comme on fait quand on prend un engagement
solennel.

— J'en doute, répliqua la méchante enfant ; mais, en
tout cas, c'est une épreuve à tenter. »

Je n'avais, s'il faut être franc, aucune envie de tenter la
moindre épreuve sur l'homme excellent avec lequel on
voulait me mettre en délicatesse, et je n'eus pas plus tôt
quitté ma cousine, que je me repentis sincèrement de la
promesse que je venais de lui faire... Mais, faut-il l'avouer ? malgré moi, un élément de préoccupation tout
nouveau se glissait dans ma pensée. Y avait-il, en effet,
quelque mystère dans cette existence qui me semblait
limpide et claire comme l'eau d'une source pure ? J'aurais eu vraiment quelque peine à le croire, et je m'imaginais plus aisément que ma jolie cousine prenait plaisir
à me mettre quelque martel en tête. Elle n'en était certes
pas à son coup d'essai.

« Eh bien ! non, me disais-je, je n'abuserai jamais
de la confiance et de la bonté d'un homme qui me témoigne tant de confiance et de sympathie, qui m'ouvre
à deux battants les portes de sa maison, quand elles
restent fermées à tant d'autres, pour me rendre cou-

pable envers lui d'une impardonnable indiscrétion. Que m'importe, après tout, qu'il ait des secrets ou qu'il n'en ait pas ? Je n'ai pas le droit de le savoir, et tout ce que je ferais pour les connaître me diminuerait à mes propres yeux, et me ferait perdre quelque chose de cette estime de moi-même à laquelle, en galant homme, je dois tenir plus qu'à

Je me croisai avec Juliette.

tout le reste... Je retournerai demain chez le docteur... mais je ne lui parlerai pas de ses roses ! »

C'était là, ma conscience me le dit encore aujourd'hui, la meilleure résolution que je pusse prendre. Mais il y a long-temps qu'un moraliste sans illusion a proclamé cette vérité peu consolante :

« L'enfer est pavé de bonnes intentions ! »

Je devais apporter une nouvelle preuve à l'appui.

Le lendemain matin, en me levant, je me dis d'un petit air dégagé :

« Tiens ! c'est aujourd'hui la soirée du juge de paix, et

j'ai promis une rose à Juliette... C'est pourtant vrai que les roses accompagnent bien ses cheveux blonds !... Après tout, il n'en mourra pas pour m'avoir donné une fleur, cet excellent M. Richard... J'attachais vraiment trop d'importance à une bagatelle. »

Je pressai le déjeuner, grâce à la complicité d'une vieille bonne qui m'avait élevé — et qui continuait à me gâter. — Je boutonnai mon uniforme, non sans peine, car le régime de la cuisine paternelle, supérieur à celui du collège, l'avait, en six semaines, rendu trop étroit, et je pris le chemin de la maison du docteur. Je la vois encore, cette jolie maison, petite, mais si coquette, blanche, avec des persiennes vertes, et qui riait dans le paysage.

Tout en marchant, je me montais un peu la tête. Je voulais en finir une bonne fois avec mes hésitations, casser les vitres, s'il le fallait, mais revenir avec le mot de l'énigme... et une rose !

Quelques mots moqueurs de Juliette, avec laquelle je me croisai dans la Grand'Rue, près de l'église, ajoutèrent à mes ardeurs une vivacité dont elles n'avaient pas besoin.

J'étais déjà près de la maison blanche. En ce moment-là je pouvais me comparer à ces faux braves qui forcent la note, parce qu'ils ne peuvent rester dans le ton, et qui chantent à tue-tête pour faire croire qu'ils n'ont pas peur. Je sonnai avec une certaine brusquerie, qui n'était certes pas dans mes habitudes.

« M. le docteur est là ? demandai-je en portant légèrement la main à mon képi.

— Est-ce qu'il n'y est pas toujours pour vous ? »

Telle fut la réponse que me fit avec un bon sourire l'honnête Gertrude, vieille Normande au service de M. Richard depuis une vingtaine d'années, et qui remplissait près de lui, avec un zèle qui ne s'était jamais démenti, les triples fonctions de femme de confiance, de domestique d'intérieur et de cordon bleu.

Gertrude m'avait indiqué de la main le cabinet du docteur. Je franchis lestement les huit ou dix marches qui m'en séparaient, et je frappai à la porte.

« Entrez ! » me répondit-on du dedans.

Je poussai la porte, et je me trouvai en présence du docteur. Il était pâle et me parut soucieux, plus triste même que je ne l'avais encore vu. Cependant il m'avait à peine reconnu, que je voyais déjà sourire dans ses yeux une bienvenue que je n'avais pas la conscience de mériter.

« C'est vous, mon enfant? me dit-il avec la plus affectueuse douceur et en me tendant la main. Quel bon vent vous amène? C'est la brise matinale, ajouta-t-il avec un sourire, en regardant sa pendule. Tant mieux! tant mieux! Il y a un siècle qu'on ne vous avait vu! »

Il y avait tout au plus trois jours, mais cet homme si simple et si bon s'était fait promptement une chère habitude de mes visites.

« J'ai été un peu occupé, répondis-je machinalement, et pour dire quelque chose.

— Et puis, vous avez du chagrin! Oh! j'ai été jeune aussi, et je comprends cela! Vous faites vos adieux... les vacances vont finir. Vous n'irez plus au bois : les lauriers sont coupés!

— Ce n'est pas gai de retourner au collège! dis-je d'un air boudeur.

— Ce n'est pas triste non plus quand on aime le travail

et que l'on a des amis, répondit-il avec plus de vivacité qu'il n'en montrait d'ordinaire. — Des amis ! continua-t-il, non sans une certaine mélancolie, c'est au collège surtout... je me trompe... c'est seulement au collège qu'on en fait ! On le sait plus tard, quand on n'a pas su garder ceux qui vous avaient aidé à supporter les premières épreuves de la vie.

— Vous avez donc perdu les vôtres? lui demandai-je, tout heureux de profiter de l'ouverture qu'il me faisait, et de regarder un peu dans son âme.

— Moi ! me dit-il, j'ai tout perdu ! »

Sa voix, quand il prononça ces mots, eut une expression de tristesse si profonde, que je me sentis tressaillir. Il me remua dans tout mon être. En un moment je fus tout changé. J'eus honte de la part que j'avais prise, avec plus de légèreté, certes, que de méchanceté réelle, à cette sorte de conspiration tramée dans l'ombre contre le secret du docteur.

« Eh bien ! non ! cent fois non ! — me dis-je à moi-même, mais, cette fois, avec un ferme propos de me tenir parole, — Juliette en pensera ce qu'elle voudra, mais je ne ferai point volontairement de peine à un homme si bon et qui me paraît déjà si malheureux. »

Le docteur eut-il quelque soupçon de ce qui se passait en moi? Je ne saurais le dire ; mais il fixa sur mon visage un regard si pénétrant, que j'en fus plus troublé que je ne l'aurais cru. Je ne sais vraiment quelle tournure allait prendre l'entretien, quand, par bonheur, Gertrude vint à son tour frapper à la porte du cabinet.

Elle dit un nom.

C'était un de ces rares clients, trop pauvres pour payer

ses confrères, que le docteur gardait par charité. Profitant avec empressement de cette intervention, aussi opportune qu'inattendue, je pris le chapeau du docteur à la place de mon képi, et faillis laisser la porte et passer par la fenêtre.

« Vous reviendrez me dire adieu ! me cria du seuil M. Richard. Je ne sais pas ce que vous aviez aujourd'hui ; mais bien sûr que vous aviez quelque chose !... Vous n'étiez pas du tout à moi... et vous emportez mon chapeau ! »

Je repris mon képi en balbutiant je ne sais quelle excuse.

III

J'étais déjà dans la rue, débarrassé d'un poids, élargissant ma poitrine, respirant l'air à pleins poumons, heureux de me sentir libre, ne me souvenant déjà plus de ce que j'étais venu faire dans cette maison.

Juliette avait-elle causé? Comme elle était déjà presque femme, il est permis de le croire. Quoi qu'il en fût, mon semblant d'aventure avait fait quelque bruit dans la ville. On savait que j'allais chez le docteur Richard, et que ma cousine, dont l'espièglerie n'était un mystère pour personne, m'avait mis au défi de rapporter un bouquet de roses de son jardin.

Aussi, quand je rentrai chez moi, en suivant bravement la Grand'Rue, qui passe devant la gendarmerie (il est vrai que je n'avais rien volé), plus d'un curieux m'attendait sur le pas de sa porte. On voulait voir si j'avais conquis ces fleurs si enviées. Les femmes, plus discrètes, étaient restées chez elles, et se contentaient de soulever le coin de leur rideau; mais elles me regardaient moins aux pieds qu'aux mains. Je compris que j'avais été l'objet des conversations de la petite ville, et j'éprouvai je ne sais quel dépit, mêlé de mauvaise honte, à la pensée que ma défaite prenait les proportions d'un évènement, et que j'étais, comme on dit, dans les langues du monde.

Le soir venu, j'eus une violente envie de prétexter une migraine et de garder la chambre. Mais je me ravisai : il me sembla que je serais plus ennuyé encore si je restais au logis, me demandant à chaque moment ce que l'on pensait et ce que l'on disait de moi, que si je prenais bravement mon parti d'une défaite que je ne pouvais plus nier, et que j'allasse voir quel parti on en voulait tirer contre le vaincu.

Je me rendis à la soirée du juge de paix.

C'était le gros bonnet de l'endroit, et il se trouvait parfois chez lui un petit cercle qui ne laissait point que de paraître assez imposant à un collégien n'ayant pas encore fait ses débuts dans le monde. Juliette avait sans doute donné le mot à ses compagnes, car toutes les jeunes filles avaient des fleurs au corsage ou dans les cheveux : c'était charmant. Le salon du magistrat avait l'air d'un gros bouquet. On devait avoir fait main basse dans tous les jardins.

Ma cousine seule faisait tache dans ce brillant tableau. Elle n'avait rien demandé, comme elle le faisait parfois, à la serre du jardin paternel; sa coiffure était restée, comme sa robe, veuve de tout ornement emprunté « à la corbeille de Flore ». Je dérobe cette expression à mon oncle, qui avait beaucoup de littérature. Elle ne portait pas une brindille de verdure sur toute sa personne, qui n'en était pas moins gracieuse.

« Et mes roses, monsieur? dit-elle d'un petit ton boudeur et légèrement ironique, lorsque je m'approchai d'elle.

Et mes roses, monsieur?

— Pas de roses! répondis-je en affectant une assurance que je n'avais certes point. Pas de roses, Juliette... Mais qu'importe? tu n'en as pas besoin pour être charmante!

— Je ne tiens pas à tes compliments, répliqua-t-elle avec assez de vivacité, je ne tenais qu'à tes fleurs. Pourquoi ne me les as-tu pas apportées?

— Parce que je ne les ai pas eues.

— Il ne fallait pas me les promettre.....

— J'ai fait ce que j'ai pu.

— Il paraît que cela n'a pas suffi ! »

Après ces ripostes, qui s'étaient vivement croisées, Juliette se retourna vers une de ses compagnes, prit à son bouquet une touffe de chèvrefeuille et la planta comme un panache dans une de ses grosses tresses, tout près de son oreille gauche.

Nous venions d'échanger ces explications à voix basse, et personne ne les avait entendues. Mais je connaissais trop bien la finesse et la malice de tout ce petit monde pour ne pas être certain qu'il avait tout compris ou tout deviné... Je sentais qu'on allait bientôt me mettre sur la sellette.

L'attaque, en effet, ne se fit point attendre.

« Aimez-vous les roses? me demanda la voisine de Juliette, qui était aussi son amie la plus intime.

— Oui, mademoiselle, quand elles sont sans épines.

— C'est une espèce qu'on ne rencontre guère chez nous.

— Elle ne pousse que dans les jardins du docteur Richard, dit une nouvelle venue dans l'arène où me déchiraient ces jolies panthères aux dents blanches.

— Il se peut, reprit ma cousine. Mais les roses du docteur sont défendues par un dragon qui mange les collégiens! »

J'avais en ce temps-là trop de simplesse dans l'âme pour posséder beaucoup d'aplomb ; j'ignorais encore l'art difficile de faire tête à plusieurs ennemis à la fois et de mettre les rieurs de mon côté. Assailli de toutes parts, je fis un assez triste personnage. On abusa de ma faiblesse, c'est affaire aux femmes! On me fouetta avec les roses que je n'avais pas cueillies. C'était une petite persécution qui s'organisait contre moi, et je dois dire à ma honte que je ne me sentais pas le courage de la supporter. Au lieu d'opposer un peu de calme et de dignité à ces petites taquineries, qui s'arrêtaient à fleur de peau, je voulus, comme tous les faibles, me tirer d'embarras par une bravade.

« Je n'en aurai pas le démenti ! m'écriai-je au milieu d'un petit groupe dont les plaisanteries m'avaient fait perdre le peu de patience que le Ciel m'a donnée en partage. J'ai dit que j'aurais un bouquet de roses du docteur, et je l'aurai !

— Des roses de Noël, alors? fit Juliette, avec ce ton de persiflage qui avait le privilège de chauffer ma colère à blanc. Est-ce que tu ne repars pas après-demain ?

— Combien crois-tu donc qu'il me faille de temps pour cueillir un bouquet ?

— Mais, au train dont tu y vas, répliqua-t-elle avec un sourire qui me laissa voir deux rangées de perles, cela te demandera bien, j'imagine, une cinquantaine d'années !

— Tu auras tes roses demain ! » lui dis-je en accompagnant ces mots d'un regard plein de courroux qui l'aurait tuée si mes yeux avaient été des pistolets.

« Elle les aura ! » dit un de mes amis... qui ne m'aimait pas.

« Elle ne les aura point! » reprit une jeune pie-grièche qui s'amusait trop de cette petite guerre pour ne pas souhaiter qu'elle se prolongeât.

Je vis le moment où l'on allait faire des paris pour et contre mon bouquet, comme on en fait parfois la veille des courses pour ou contre un favori du turf.

Je rentrai chez moi d'assez méchante humeur, mécontent des autres, plus mécontent de moi, trouvant que je ne valais pas grand'chose, et trouvant surtout que le monde ne valait rien. Je comprenais bien que je m'étais laissé embarquer dans une sotte affaire dont je ne sortirais point, quoi qu'il arrivât, sans y laisser de mes plumes. Le succès ne me donnerait aucune joie, car je le payerais trop cher, s'il devait attrister un homme que j'aimais, — et la défaite ne laisserait point que de me causer un réel déplaisir, — ce serait une véritable blessure faite à ma vanité, et j'étais encore dans l'âge où l'on est particulièrement sensible à ces blessures-là. En un mot, je m'étais fourvoyé dans une impasse. Quand on a eu ce malheur-là, il ne reste plus qu'une chose à faire : reconnaître que l'on s'est trompé, et revenir bravement sur ses pas... s'il en est encore temps.

C'est un courage que je n'eus point.

Je me relevai le lendemain, après une mauvaise nuit, en proie à une préoccupation douloureuse. Mais je m'étais si follement avancé aux yeux de toute une ville, que je ne pouvais plus reculer.

« On en parlera jusqu'à Bayeux ! » me disais-je avec des rougeurs furtives. L'univers entier aurait eu les yeux sur moi que je ne me serais pas senti plus troublé.

« Aujourd'hui ou jamais ! pensais-je en m'habillant. Après tout, le pis qui puisse m'arriver, ce sera qu'il me refuse... mais, au moins, je saurai pourquoi. »

Ce fut dans ces dispositions d'esprit que je quittai la maison pour me rendre chez le docteur. Mon entrée en matière était toute trouvée. N'était-il pas convenu que j'irais lui faire mes adieux?

Un heureux hasard, et que j'eusse payé bien cher, me le fit trouver dans son jardin. Il y cueillait un bouquet de ces fameuses roses dont peut-être on n'avait jamais tant parlé que depuis ces huit derniers jours. La vieille Gertrude le suivait pas à pas, portant une corbeille d'osier dans laquelle il déposait ses fleurs avec soin, à mesure qu'il les avait détachées de leur tige.

J'avais en ce moment trop d'intérêt à bien observer pour ne pas m'apercevoir que le vieillard fut peut-être un peu contrarié de se voir surpris dans cette opération. Cependant, après m'avoir serré affectueusement la main, il coupa encore deux roses blanches, une rose pourpre et une rose du Bengale, dont les pétales délicats gardaient une goutte de la rosée de la nuit, étincelante comme une pierre précieuse.

Cela fait, d'un geste affectueux, car il était bon avec tout le monde, il congédia Gertrude, que je vis disparaître par l'escalier conduisant au cabinet du docteur.

Quand nous fûmes seuls tous deux, il me regarda avec plus d'attention qu'il n'avait encore fait, en plongeant pour ainsi dire ses yeux clairs dans mes yeux troublés. Le sentiment que j'éprouvais ressemblait assez à celui d'un malheureux qui n'est pas encore endurci dans le crime, et qu'une fatalité cruelle pousse à commettre une mauvaise action... Il le sait... il le voit... il s'en repent d'avance... et pourtant il la commet.

C'était bien là l'image de ce qui se passait en moi. Mais, pour factice qu'elle fût, mon énergie ne m'abandonnait point, et j'étais bien certain maintenant d'aller jusqu'au bout. Toutefois, je dois avouer que ce que je savais le moins, c'était mon commencement. Je tournai donc assez gauchement mon képi entre mes doigts, sans mot dire, attendant toujours une inspiration qui ne venait pas.

« Hum! hum! couvrez-vous donc! il nous arrive ce matin une petite bise de l'est qui ne vaut rien pour la poitrine, fit le docteur, qui sans doute devina ma gêne et voulut venir à mon secours.

— C'est un bon temps pour les médecins, répondis-je en riant.

— Oui, quand ils aiment mieux les maladies que les malades. Mais vous êtes venu bien matin aujourd'hui... ceci soit dit sans malice et sans reproches, mon jeune ami.

— C'est pour vous voir plus tôt, docteur! — répondis-je avec une naïveté voisine de la bêtise.

— On n'est pas plus aimable. Mais, vrai, vous n'avez pas affaire à un ingrat. Je m'étais fait une douce habitude de vos visites... moi qui ne vois personne!... Vous allez me manquer beaucoup maintenant... Tenez, il vaudrait peut-être mieux pour moi que je ne vous eusse jamais connu. »

Ces bonnes paroles m'allaient au cœur. Je balbutiai un remerciement insignifiant, dont le docteur voulut bien se contenter; mais, malgré moi, je regardais toujours les roses éclatantes.

Le vieillard ne parut point remarquer mon attention, assez obstinée pourtant; mais j'avais pris mon parti, et rien désormais ne pouvait me détourner de mon but.

« Vous avez de bien belles roses, docteur! » dis-je tout à coup au vieillard en relevant la tête.

A peine eut-il entendu ces mots qu'une flamme passa

dans ses yeux, tandis qu'une légère rougeur teignait sa joue, si pâle d'ordinaire.

« En effet, me répondit-il un peu froidement, je crois avoir les plus belles roses du pays. Vous pouvez voir, du reste, qu'il ne se trouve point ici d'autres fleurs. Mon jardin est voué aux roses.

— Et vous aussi ! repris-je en riant. Je vous en ai vu souvent des bottes à la main.

— Souvent ? reprit-il ; c'est peut-être un peu exagéré... Vous ne m'avez rencontré qu'une seule fois avec des fleurs... Mais j'avoue que j'aime les roses.

— On le voit bien ! » répondis-je en jetant les yeux autour de moi.

Ce sujet lui plaisait évidemment. Il avait en ce moment une animation qui ne lui était pas ordinaire. Il me promena dans les diverses parties de son jardin, me faisant admirer les nombreuses variétés qu'il avait obtenues. Toutes les couleurs et toutes les nuances se retrouvaient là, comme sur une palette harmonieuse, depuis les roses pourpres, qui pourraient lutter d'éclat avec la flamme la plus vive, jusqu'à la rose blanche, plus pâle que la joue d'une jeune malade. Tout un pan de mur disparaissait sous un merveilleux tapis de roses de la Chine, dont les feuilles dépliées étincelaient comme l'or sous un rayon de soleil. Deux berceaux étaient couverts de celles à qui le Bengale a donné son nom, et qui prêtent à la pudeur leur aimable incarnat.

Je n'avais jamais vu tant de roses, et je compris en ce moment l'espèce de célébrité dont le jardin du docteur jouissait dans tout le pays. Je fus donc parfaitement sincère en lui exprimant toute mon admiration. Il s'y montra sensible, et accepta mes compliments avec un contentement naïf.

« Vous ne voyez rien, me dit-il. La saison est déjà un peu avancée pour les roses. Je n'ai plus aujourd'hui que les remontantes. Les printanières sont finies. Tâchez donc de venir me voir en juin : à ce moment, elles sont superbes. Je vous les montrerai. J'ai une collection d'églantines incomparable. Il m'en est venu jusque d'Écosse. Les plus belles sont dans le Glen-Nevis, entre Oban et Inverness, à droite du Caledonian-Canal. »

Le docteur paraissait si heureux, il semblait avoir si bien oublié ses préoccupations habituelles, il se livrait avec tant d'expansion à l'entraînement de son sujet favori, que je crus le moment propice pour lui présenter ma requête.

« Si je ne craignais pas d'être indiscret, lui dis-je en essayant de prendre un air dégagé, je vous prierais de bien vouloir me donner un petit bouquet de ces jolies roses... que j'emporterais avec moi... en souvenir de vous. »

J'avais jeté cette phrase avec une certaine légèreté, comme si je n'y eusse point attaché trop d'importance. Mais je n'en attendais pas moins la réponse du docteur avec une véritable anxiété. Mon apparente bravoure n'était au fond que de la bravade, et j'étais réellement inquiet sur le sort d'une demande que je me reprochais déjà d'avoir faite. Une voix secrète — qui devait être celle de ma conscience — me reprochait tout bas d'avoir cédé à une inspiration mauvaise. Je sentais déjà en moi ce remords — premier châtiment des actions mauvaises — que n'ont jamais évité les coupables.

Cependant le docteur ne me répondait pas. Je relevai les

yeux sur lui et je fus effrayé du changement qui venait de s'opérer en quelques minutes sur cette physionomie expressive et mobile.

Lui qui d'ordinaire ne laissait voir que la douceur et le calme sur son visage un peu triste, et chez qui la douleur même était sereine, il me montrait maintenant des traits contraints et contractés, sur lesquels je lisais quelque chose d'amer, qui faisait vraiment peine à voir. Je ne pus douter du mal que je venais de lui faire, et j'en éprouvai une véritable honte. J'aurais voulu reprendre ma phrase malencontreuse; mais on ne rappelle pas plus la parole échappée des lèvres que la flèche ailée qui vole loin de l'arc, vers le but. J'aurais voulu, du moins, par quelques mots bien sentis, revenir avec tact et mesure sur ce que j'avais dit tout d'abord, et en atténuer l'effet, mais j'avais beau chercher, je ne trouvais absolument rien. Il ne me restait donc plus qu'une seule chose à faire, attendre silencieusement qu'il plût au docteur de me faire connaître le degré d'irritation produit en lui par mon inconvenante demande. Sans aucun doute, il ne m'en apprendrait point la cause.

Bientôt il releva sur moi ses yeux bleus, dans lesquels je pus voir une sévérité que je ne lui connaissais pas. Son visage était celui d'un juge qui va prononcer une sentence. Il posa une de ses mains sur mon bras, avec un geste plein d'autorité, et dardant sur moi le regard de sa prunelle bleue :

« Vous n'êtes pourtant pas méchant! » me dit-il très doucement, et avec un léger mouvement d'épaules, comme si je lui eusse fait compassion et qu'il m'eût pris en pitié tout à coup.

Il posa une de ses mains sur mon bras.

Un tel sentiment de sa part m'accablait. Je ne savais plus que répondre. Il continua :

« Vous êtes bon comme on l'est toujours à votre âge. Je n'ai jamais aperçu chez vous rien qui annonçât une mauvaise nature; soyez donc sincère, dites-moi tout... et je vous pardonnerai. »

A la fin, je me sentis poussé à bout. A mesure que je reprenais possession de moi-même, j'éprouvais le besoin de réagir énergiquement contre cette sorte de pression morale qu'il exerçait sur moi.

« Vous me pardonnerez, dites-vous! Mais que pouvez-vous donc avoir à me pardonner, docteur? m'écriai-je avec une certaine violence. Quel crime ai-je donc pu commettre? En quoi ai-je failli? Il faut me le dire, car je vous jure qu'à moi tout seul je serais bien incapable de le deviner. »

Au lieu de me répondre, le docteur continuait à me regarder avec une telle obstination et une telle fixité, que je croyais sentir son regard peser sur le mien.

« Voyons, me dit-il, un bon mouvement! On est encore capable d'en avoir à votre âge. Soyez franc... mais là tout à fait, et dites-moi qui vous a donné l'idée... car elle n'est pas de vous... de me demander des roses... On sait bien ici qu'il n'en est jamais sorti de mon jardin que pour... »

Il s'arrêta, comme s'il eût craint d'en avoir trop dit, et me serrant la main avec une force étonnante, que je ne lui aurais jamais supposée :

« N'est-ce pas, continua-t-il, que j'ai bien deviné, et que vous avez été, dans cette circonstance, conseillé par quelqu'un?

— Eh bien! oui, m'écriai-je, car j'étais vraiment incapable de dissimuler davantage. Ce n'est pas moi qui ai eu cette malheureuse idée... et je ne la croyais pas si coupable!... On m'a conseillé... en effet... Mais non, je me trompe, on m'a prié... de vous demander un bouquet de roses... Tenez, c'est une sorte de défi que l'on m'a porté. Voici comment la chose est arrivée : je parlais toujours de vous... je vantais votre bonté... je disais avec quelle grâce vous m'aviez reçu... J'ai même dit... pardonnez-moi si je me suis trompé... que vous aviez un peu d'amitié pour moi...

— Eh! sans doute, j'en avais... et beaucoup!

— Cela veut dire que vous n'en avez plus?

— Cela ne veut rien dire du tout! fit-il d'un ton bourru, mais déjà moins en colère. Continuez, méchant enfant.

— Alors on m'a dit : « Il n'y a vraiment pas de quoi faire tant de bruit de cette amitié-là.

— Eh! pourquoi donc? demandai-je.

— Elle n'ira jamais assez loin, poursuivit-on, pour que le docteur vous fasse seulement le sacrifice d'une seule de ses fleurs. »

— Ah! je ne m'étais pas trompé! c'est bien cela! toujours les mêmes!... » murmura le vieillard, qui marchait à petits pas le long de ses bordures, en se parlant à lui-même, sans plus se préoccuper de moi que si j'eusse été à cent lieues de lui...

« Oui, repris-je, afin d'interrompre le cours de ses réflexions, évidemment pénibles, — oui, on m'a dit cela. Alors j'ai éprouvé un mouvement de colère dont je n'ai pas été le maître; puis, j'ai eu du chagrin... oh! mais beaucoup de chagrin! Cependant, à la réflexion, je n'ai pas voulu croire... non, je n'ai pas cru ce que ces méchants me disaient... J'ai répliqué, bien innocemment, je vous jure : Puisqu'il en est ainsi, je demanderai, j'oserai demander à ce bon M. Richard un bouquet de ses belles roses... et je suis bien certain qu'il me l'accordera!... Maintenant, docteur, vous savez tout. Je vous jure qu'il n'y a pas autre chose! Est-ce que je suis vraiment aussi coupable que j'en ai l'air?

— Non, reprit-il avec beaucoup de douceur, et tout à la fois beaucoup de tristesse, non, ce n'est pas vous qui êtes coupable!... les coupables, ce sont ceux qui, pour me frapper, se servent de votre main... parce qu'ils savent qu'elle m'est déjà chère!

— Vous frapper, docteur! vous frapper? » repris-je avec quelque étonnement.

Il ne parut point m'avoir entendu, et continua :

« On sait que ces fleurs sont sacrées! et l'on sait pourquoi! On n'ignorait point qu'en vous obligeant à m'en demander on allait me blesser profondément... Et pourtant, on l'a fait!... et c'est même pour cela qu'on l'a fait! continua-t-il en s'animant un peu.

— Ah! docteur, croyez-vous? Je vous assure que vous vous trompez! c'est impossible! »

Son accent prit quelque chose de vraiment douloureux, et il poursuivit :

— Je n'ai jamais fait de mal à personne, et cependant j'ai des ennemis! Oui, il y a des gens qui prennent plaisir à me persécuter... moi qui ne voudrais pas offenser la plus misérable des créatures de Dieu! Ah! mon ami! Que les hommes sont donc injustes et cruels! »

J'aurais en ce moment donné beaucoup pour le calmer;

mais c'est en vain que je cherchais les mots qui auraient eu le pouvoir d'opérer ce miracle. Je me taisais donc, dans la crainte de l'irriter davantage encore par quelque maladresse.

Il parut bientôt avoir oublié complètement ma présence. Son pas devint plus rapide ; il allait et venait dans son jardin, avec des gestes désordonnés qui me faisaient peur.

Mais il se souvint enfin que j'étais là ; il s'arrêta tout à coup : puis il revint à moi, me regarda fixement, avec des expressions de visage absolument contraires, comme s'il eût été combattu par diverses idées entre lesquelles il n'osait pas choisir, et auxquelles il ne voulait pas s'arrêter. Il passa la main sur son front avec une certaine brusquerie, et à plusieurs reprises, comme s'il eût fait un effort pour prendre une résolution qui lui coûtait.

Puis enfin, passant son bras sous le mien :

« Venez ! » me dit-il.

IV

Il m'entraîna dans sa maison avec une certaine impétuosité, et comme s'il eût voulu en finir tout d'un coup. Je compris bien que ce n'était pas le moment de lui résister, et, du reste, je n'en avais nulle envie. Je le suivis sans prononcer une parole.

Il franchit l'escalier sans mot dire, en deux ou trois élans. J'avais peine à régler mon allure sur la sienne. Mais, sans paraître s'en apercevoir et sans me laisser reprendre haleine, il traversa son cabinet, poussa la porte du fond, dont bien peu de monde avant moi avait foulé le seuil, et me fit entrer dans une dernière pièce que je ne connaissais point encore. La vieille Gertrude, qui s'y trouvait déjà, releva la tête au bruit de nos pas, et, quand elle m'aperçut, laissa éclater sur sa physionomie, naïve malgré les années, un étonnement voisin de la stupeur. On eût dit vraiment que nous allions la rendre témoin de quelque énormité.

Pour moi, je l'avoue, j'étais en ce moment sous l'empire de je ne sais quelle crainte vague, mais réelle, dont je re voulais pas qu'on s'aperçût. Je veillais donc sur moi-même, bien résolu à ne rien laisser transparaître de ce qui allait se passer en moi, mais également décidé à ne rien laisser échapper non plus de la scène à laquelle sans doute j'allais assister.

Je me trouvais dans une belle et vaste chambre, prenant jour sur le jardin par une large fenêtre.

C'était ce que l'on appelle une chambre de jeune fille. Les meubles gris perle, avec de petits filets lilas pâle, rappelaient les jolies modes du temps de Louis XVI. La draperie blanche et bleue, un peu fanée, comme si elle eût été posée là depuis longtemps, ne manquait pourtant ni de caractère ni d'élégance

Le magnifique tapis tout blanc, semé de myosotis et de bluets, me parut le dernier mot du luxe, et je suis bien certain qu'on eût pu fouiller notre petite ville tout entière sans retrouver son pareil. Une lampe d'albâtre, suspendue par une chaîne d'argent, descendait du plafond, où le caprice d'un peintre avait jeté des vols d'oiseaux et de papillons qui s'ébattaient dans un ciel d'azur, au milieu d'enfants portant des ailes aux épaules, qui les poursuivaient avec des filets d'or.

J'allais sans doute demander au docteur à qui était destinée cette demeure exquise, quand j'aperçus, en face de moi, un portrait en pied, grand comme nature, placé de façon à recevoir le jour le plus favorable, et qui devait naturellement attirer tous les regards.

C'était celui d'une toute jeune fille, seize ans à peine, la prime-fleur de la vie!

On n'avait pas besoin d'un long examen pour lui trouver une frappante ressemblance avec le docteur. Qui avait vu l'un reconnaissait bientôt l'autre et devinait aisément le lien qui les unissait.

C'était le père et la fille.

On remarquait chez tous deux la même carnation blanche et rose; le même sourire plein de tendresse et de bonté; le même regard bleu, où brillait la franchise : un regard sympathique qui semblait aller au-devant du vôtre.

Gertrude releva la tête.

En présence de ce portrait, qui n'était pas signé d'un nom de maître, dont l'exécution avait sans doute des faiblesses et des imperfections, mais qui, j'en suis sûr, aurait frappé tout le monde par l'intensité d'expression que l'artiste inconnu avait su lui donner, je me sentis involontairement ému. Quant au docteur, il parut s'absorber tout entier dans une contemplation qui lui faisait oublier visiblement le reste du monde. Ce recueillement avait quelque chose de vraiment pieux qui m'impressionnait.

Je me taisais devant lui, comme on se tait quand on voit

accomplir un acte religieux, qu'on aurait peur de troubler.

J'aurais attendu tout le temps qu'il aurait plu au vieillard de me laisser là, sans songer à lui adresser la parole. Je promenais mes yeux autour de moi, et ne laissais échapper aucun détail de la scène qui se passait sous mes yeux. Le docteur regardait sa fille, comme s'il eût cru, à chaque moment, qu'elle allait descendre de son cadre, venir à lui... lui parler... lui sourire !... le prendre par la main pour, comme autrefois, s'en aller tous deux à travers la vie !

Dans cette chambre si coquette, et que l'on eût pu croire habitée encore par un être jeune et charmant, objet de toutes les gâteries et de toutes les adorations de la plus folle tendresse, il y avait des fleurs partout ! sur la petite table de milieu, où jadis la jeune fille déposait son ouvrage interrompu ou sa tâche achevée ; sur le petit *bonheur-du-jour*, qui sans doute avait été son meuble favori, car il était aussi pur de lignes qu'élégant dans sa fantaisie ; sur le piano, muet depuis longtemps, hélas ! et près duquel on voyait quelques partitions oubliées ; au pied du grand Christ d'ivoire, qui se détachait, blanc sur le velours sombre, faisant face à son lit ; sur ce lit lui-même, virginal et chaste, où ses yeux s'étaient endormis dans le dernier sommeil ; partout enfin, une main pieuse et amie avait répandu des roses.

Cette chambre, ainsi parée pour une créature qui n'était plus, prenait à mes yeux je ne sais quel caractère auguste et sacré. Volontiers je me serais cru dans un temple, le temple de la douleur et de l'amour paternel. Je compris que ce vieillard avait fait de sa fille l'unique pensée de son âme, la seule tendresse de son cœur, le culte de toute sa vie. On ne se trouve point en présence d'un sentiment si profond sans en éprouver soi-même une sorte de contre-coup. Une affection immense ne saurait laisser personne indifférent.

Enfin le docteur revint à moi.

Il jeta un regard à Gertrude, et celle-ci, qui connaissait bien son maître, comprit qu'il souhaitait que nous fussions *seuls*.

Elle sortit aussitôt.

« Vous voyez maintenant où vont mes roses! me dit M. Richard quand nous fûmes en tête à tête, et vous comprenez, j'en suis sûr, pourquoi je n'en puis donner à personne... pas même à vous, mon ami! »

J'étais jeune ; la vie m'avait épargné jusque-là : elle n'avait encore rien brisé ni rien bronzé en moi. Je n'avais pas honte de laisser voir mes émotions, et j'étais vraiment ému. Une larme, une larme chaude, venue du cœur, qui ne tomba pas, brilla du moins dans mes yeux.

Cette larme, le docteur la vit, il devina qu'il était compris, et il se sentit rassuré.

« Asseyez-vous, » me dit-il plus doucement et en me conduisant à un petit canapé, sur lequel il prit place à côté de moi.

Il se recueillit un instant, puis tout à coup, faisant un effort, comme s'il eût pris une résolution soudaine, il tendit la main et les yeux vers le portrait qui attirait depuis si longtemps mes regards :

« N'avez-vous pas déjà tout compris? » me demanda-t-il.

Sans attendre ma réponse, il continua :

« Ma vie est ici! ce qui se passe ailleurs, n'est pour moi qu'un songe ou un mensonge! Je traverse le monde des humains sans y prendre garde, sans en avoir conscience. Ici, ici seulement je suis moi... parce que j'y retrouve le meilleur de mon passé... Tous les instants que l'on me contraint à demeurer hors de cette chambre, il me semble qu'on me les vole. Où que je sois, c'est toujours à cette place que je voudrais être ! Ma fille ! ma fille unique, ma chère Lucile... voilà comme elle était à seize ans... quand la mort me l'a prise... N'est-ce pas qu'elle était belle ?

— Bien belle, en effet ! répondis-je à demi-voix.

— Ce portrait, c'est tout ce qui me reste d'elle, ce portrait et sa longue chevelure d'or, que j'ai coupée moi-même sur son front avant... avant qu'ils ne l'aient emportée... C'est à un peintre de Caen, qui la connaissait... qui l'adorait... qui l'aurait peinte à genoux, que je dois cette chère relique, où je la retrouve tout entière... avec sa candeur et sa grâce... avec ce divin sourire qui m'ouvrait le ciel ! Ma fille était, hélas ! tout ce que la vie m'avait laissé... la vive image de sa mère... une femme exquise et charmante qu'elle n'avait pas connue... Elle me fut enlevée en quelques jours, non ! en quelques heures, par ce mal impitoyable contre lequel l'art est trop souvent impuissant à lutter, l'angine, ce fléau destructeur qui doit troubler le sommeil de tout être qui vit dans un autre et par un autre, et qui peut mourir de sa mort ! Elle partie, pour moi le monde était vide... Je recueillis tous les souvenirs qui me restaient d'elle, comme on fait, après un naufrage, des épaves d'un navire. Les malheureux essayent de tout pour se tromper eux-mêmes... parce qu'ils ne trouvent plus de consolation que dans une erreur qui les flatte... Je m'ingéniais de mille façons pour me persuader que ma fille n'était pas morte, qu'elle n'était qu'absente... qu'elle allait revenir... Et pour fêter ce retour... ce retour qui ne devait jamais avoir lieu... je remplissais la maison de tout ce qu'elle aimait quand elle était encore près de moi... La pauvre enfant! elle avait adoré les roses! avec son père, ces fleurs chéries furent ses seules amours... elle les cultivait, elle les soignait de ses mains... Elle est morte en les regardant et en les respirant... son esprit est passé dans une fleur. Elle partie, je suis resté longtemps comme un corps sans âme. Elle avait emporté avec elle toutes mes raisons de vivre! J'aurais voulu mourir... et je serais mort, si je n'avais eu la crainte de Dieu, qui seul est le maître de l'existence humaine. J'ai vécu... ou plutôt j'ai traîné ma vie... attendant toujours qu'il voulût bien me rappeler à lui... et me réunir à elle! »

Ici le docteur fit une pause : il était trop ému pour continuer. Je n'avais pas osé l'interrompre ; je n'osai pas non plus lui répondre.

Il reprit bientôt :

« A partir de ce moment je n'ai plus eu que des roses dans mon jardin... J'ai réuni toutes les espèces connues, j'en ai même créé de nouvelles... une entre autres — je vous la montrerai — dont la pâleur nacrée rappelle la joue blanche d'une jeune mourante... Je lui ai donné le nom de ma fille... Lucile est devenue sa patronne !... Je pouvais, du reste, consacrer beaucoup de temps à mes fleurs, car, n'ayant plus que bien peu de besoins, je ne tardai point à me débarrasser, en faveur de mes confrères, d'une clientèle inutile... je ne gardai guère que les pauvres, que l'on ne me disputait point... et je vécus dans mon jardin ! C'est là, vous le savez, mon ami, que je suis presque toujours.

» Je soigne mes roses... je les cueille quand l'heure est venue... quand je les vois s'épanouir dans leur radieuse beauté ; puis je les dépose ici... devant son portrait... au pied du Christ qui la vit si souvent à genoux, en prière devant lui... sur sa table... sur son lit... partout ! J'en parfume sa chambre... Parfois aussi, comme l'autre jour, quand vous m'avez rencontré, je vais porter un bouquet là-bas, sur la tombe où elle repose... mais jamais, je vous le jure... jamais créature vivante n'a reçu de ma main une seule de ces fleurs... Toutes sont pour ma chère morte, et je n'ai pas à me reprocher la plus légère infidélité à sa mémoire adorée... Maintenant, me pardonnerez-vous mon refus ?

— C'est plutôt à moi de vous prier de me pardonner une demande dont je n'avais compris ni l'indiscrétion, ni le mauvais goût... ni la cruauté, répliquai-je avec un élan et une sincérité qu'il n'était pas possible de révoquer en doute.

— Alors, il faut nous pardonner tous deux ! » fit-il avec un soupir de satisfaction en me tendant la main.

Il se leva; j'en fis autant : cette visite avait été longue et pénible pour lui comme pour moi. Je sentais bien que je devais maintenant le laisser seul.

Au moment où j'allais partir, je pus remarquer chez le docteur une certaine hésitation. Mais tout à coup il parut prendre une résolution énergique. Il m'attira jusqu'à la fenêtre, et plongeant ses yeux dans les miens, comme s'il eût voulu lire jusqu'au fond de mon âme :

« Je crois qu'elle y consent, me dit-il à voix basse, et je sens, moi, que vous méritez que je fasse pour vous ce que je n'ai jamais fait pour personne. Elle permet que je vous donne un bouquet de ses roses. Les méchants et les sots de cette petite ville en penseront ce qu'il leur plaira... Après tout, je suis au-dessus de leurs railleries, qui ne sauraient m'atteindre!... »

Tout en me parlant ainsi, M. Richard prit la gerbe embaumée qu'il avait cueillie devant moi, et me la mettant dans les mains :

« Plus un mot! me dit-il. Gardez-la en souvenir d'elle, et que votre amour-propre, si vous en avez, soit sauf vis-à-vis de ceux qui ont failli amener entre nous un malentendu regrettable.

— Oui, répondis-je avec feu, en prenant son bouquet, vous pouvez être certain que je les garderai toujours, ces chères fleurs, en souvenir d'elle et en mémoire de vous ! Mais, je vous en conjure, ne croyez point qu'elles servent jamais au triomphe d'une misérable vanité !... Ah! je rougis maintenant d'avoir écouté un seul moment ses conseils ! mais personne, entendez-vous, docteur? personne ne verra ces roses ! Je ne veux pas que vous puissiez penser que vous me les avez données pour les autres ! Que m'importe ce que peuvent penser et dire des gens qui ne méritaient pas de nous occuper si longtemps !

— J'avoue que j'aime mieux cela, et que c'est plus digne de vous et de moi, fit le vieillard, dont le visage prit une expression moins triste. Je suis heureux de voir que je vous ai bien jugé... Ces choses-là font toujours plaisir ! On se trompe si souvent ! »

Les émotions à travers lesquelles il venait de passer ne laissaient point que d'avoir assez fatigué l'aimable docteur, qui s'était ainsi attardé dans ses souvenirs, et il n'était pas malaisé de voir sur ses traits les traces de cette fatigue. Je ne voulus point la prolonger davantage, et je pris congé de lui. En me disant adieu, il me baisa au front avec autant de tendresse qu'il eût fait d'un enfant.

Je partis, mais je lui tins parole, et, pour éviter les commentaires auxquels n'eût pas manqué de donner lieu ce bouquet aperçu dans mes mains, j'eus soin, au retour, de ne point suivre la grande rue populeuse, et je regagnai par un chemin détourné, où j'étais à peu près sûr de ne rencontrer personne, la maison de mon père, dont les jardins s'ouvraient sur la libre campagne.

Juliette n'eut pas une seule rose de mon bouquet.

Le soir venu, dans les trois ou quatre maisons où j'allai faire mes adieux, je sus trouver des paroles évasives, qui me permirent de rester fidèle à ma promesse, sans pourtant blesser la vérité. Je trouvais déjà le mensonge haïssable. On ignora donc toujours que j'avais obtenu la faveur si enviée d'un bouquet de roses cueilli dans les jardins du docteur Richard. J'aurais rougi de faire servir sa bonté au triomphe de mon amour-propre.

Je partis le lendemain, emportant avec moi une ou deux épigrammes que Juliette, au moment de l'adieu, m'envoya entre cuir et chair, comme des flèches barbelées, que me lançait sa bouche. J'emportai aussi mon bouquet, auquel se rattachaient pour moi tant de souvenirs émus. Il resta longtemps dans mon pupitre, non sans exciter la verve malicieuse de quelques-uns de mes bons petits camarades. Hélas! je vis trop promptement ses belles couleurs pâlir: Bientôt ses pétales devinrent jaunes, se flétrirent et se ridèrent, et ne trahirent plus leur présence que par un léger parfum, presque insaisissable... déjà prêt à s'évanouir.

Il resta longtemps dans mon pupitre.

C'est dans cet état que, pareil à quelque relique d'un cher passé, il alla dormir pendant des années au fond d'un tiroir de ma commode, que, déjà plus vieux et connaissant mieux la vie, j'appelais parfois, avec un sourire mélancolique, le tombeau des souvenirs.

En sortant du collège, bachelier tout frais émoulu, j'entrepris cette série de voyages qui devait me retenir assez longtemps hors de France.

Quand j'y revins, j'allai naturellement au pays natal, et, à peine débarqué, mon premier soin fut de demander des nouvelles du docteur Richard. J'appris que Dieu avait eu pitié de lui, qu'il avait abrégé sa peine, et que le père et la fille étaient enfin réunis dans son sein.

Des héritiers, insouciants de la mémoire des morts, — c'étaient des cousins normands, — avaient vendu la petite maison blanche aux persiennes vertes. Elle était maintenant habitée par un négociant retiré, enrichi dans les affaires, et qui préférait l'utile à l'agréable. Il avait bouleversé le jardin, remplacé les fleurs par des légumes, et converti les plates-bandes en carrés de choux.

« Pauvre docteur ! me dis-je tout bas, serait-il assez malheureux, s'il voyait cela, lui qui aimait tant les roses ! »

Puis, une idée s'enchaînant à l'autre, j'en vins bientôt à me dire que je lui devais un bouquet. Et comme, en ce temps-là, je payais mes dettes, je coupai dans notre jardin les plus belles roses remontantes que je pus trouver aux derniers jours de septembre, et, pour rendre mon offrande plus agréable, en y joignant quelque chose qui vînt de sa fille, je pris les roses fanées cueillies jadis pour elle, et qu'il m'avait données, et je m'en allai au cimetière, triste, tout seul.

Je n'eus pas de peine à trouver les deux tombes, — pareilles, sauf la couleur : — une dalle de marbre blanc pour la fille ; pour le père, de marbre noir, avec les noms, — rien que les noms, — en lettres d'or.

Je déposai les roses nouvelles sur la tombe de Lucile, et les roses effeuillées, — les vieilles roses, — les roses jadis destinées à sa fille, sur la tombe du docteur.

J'étais bien certain d'avoir ainsi donné à chacun ce que lui-même eût choisi !

Cette année encore, j'ai passé devant la maison du docteur Richard : elle est toujours blanche ; mais le nouveau propriétaire a fait peindre les persiennes en gris. Il trouve que c'est moins salissant.

« Qu'avez-vous donc à regarder cette maison ? me demanda, avec un point d'interrogation dans chaque œil, ma femme qui m'accompagnait. Est-ce qu'elle vous rappelle un souvenir ?

— Oui, lui répondis-je, elle me rappelle, en effet, un souvenir doux et triste. C'est toute une histoire, que vous lirez cet hiver au coin du feu, et qui s'appellera les *Roses du Docteur*. »

FIN

LE
MONT-SAINT-MICHEL

LE MONT-SAINT-MICHEL

I

Quand, après avoir parcouru vingt lieues de ce bocage normand, si pittoresque avec ses bouquets d'arbres, ses haies vives, ses cultures aussi fertiles que variées, attestant la puissance de son incomparable végétation, le voyageur arrive à l'extrémité du cap, dont la jolie ville d'Avranches est le couronnement, il a devant les yeux un spectacle dont la grandeur et la beauté saisissent également son âme et ses yeux.

A droite, les côtes de la Manche, à gauche celles de la Bretagne, se reculent, se creusent et s'élargissent pour former une baie immense, sans limites, tour à tour désert de sable et désert d'eau ; large plaine qui, deux fois par jour, devient un océan. La vague, que le jusant remporte à plusieurs lieues de distance, et que l'on ne voit plus du rivage, se précipite, à l'heure du flux, dans cet espace sans bornes avec une telle rapidité que l'on ne peut éviter son atteinte.

Remontant par le lit toujours ouvert d'innombrables ruisseaux, et de ces trois rivières qui s'appellent la Sée, la Sélunce et le Couesnon, elle s'avance de vingt côtés à la fois, vous rejoint, vous devance et vous barre le passage. De minute en minute, de vastes espaces sont successivement submergés. Écumant et se gonflant, la vague s'entasse sur la vague : le sol s'évanouit ; le rivage semble fuir, et partout c'est la mer, — mer dangereuse, terrible, implacable, dont les courants s'entre-croisent avec une véritable fureur, et dont les lames s'entre-choquent, brisant le navire et submergeant le nageur.

A l'heure du reflux, l'aspect de la grève n'est pas moins saisissant. Sa couleur grise, terne ou argentée, n'a rien qui arrête et retienne le regard ; il glisse sur elle sans trouver où se retirer et se poser, et il va plus loin, toujours plus loin, jusqu'à ce qu'il se perde dans l'infini.

Je me trompe !

Au milieu de cette morne solitude, à trois lieues environ de la ville d'où nous la contemplons, une montagne jaillit de la profondeur des sables ou de l'abîme des flots, pareille à une fusée de granit, — puis, tronquée tout à coup, et comme écrasée par la pyramide monumentale, dont elle est la base, s'affaisse brusquement, — mais la solitude qui l'environne lui donne je ne sais quel aspect de grandeur et une plus imposante majesté !

C'est le Mont-Saint-Michel, merveille de l'art et miracle de la nature, spectacle unique et incomparable, aussi célèbre dans les fastes de l'histoire que dans les traditions de la légende, réalité aussi saisissante que la poésie qui s'en inspire.

Le Mont-Saint-Michel ! Que de souvenirs, à ce seul nom, se réveillent dans les âmes ! Quelle puissante et magique évocation des siècles écoulés ! Et comme site naturel, et comme œuvre de la main des hommes, n'est-ce point là une chose complète, vraiment admirable, et défiant toute comparaison ?

Le Coucsnon.

Un nid de légendes ; l'asile de la pensée religieuse, de la prière et de la méditation ; le foyer de la science ; l'atelier des arts ; un monastère, une cathédrale et une forteresse, le Mont-Saint-Michel a été tout cela, résumant ainsi, dans sa triple unité, les trois grands éléments de la vie de notre pays, pendant toute la période troublée, orageuse mais héroïque, poétique et religieuse, qui s'appelle le Moyen Age.

Le Mont-Saint-Michel se présente à celui qui l'étudie sous trois aspects bien différents, et qui forment le contraste le plus net et le plus tranché. Ici c'est un roc sauvage et nu, sombre et désolé ; là c'est une muraille gigantesque qui sort des profondeurs de l'Océan pour se perdre dans les profondeurs du ciel ; très sévère depuis sa base jusqu'à son sommet, cette muraille s'anime et s'égaye à son faîte, grâce à un magnifique ensemble de constructions diverses, de l'effet le plus étrange et le plus pittoresque. Plus loin, du côté du midi, c'est le merveilleux développement de l'architecture de cinq ou six siècles, dans son exubérance et sa variété, comme aussi dans toute sa magnificence et avec tous ses caprices ; c'est la ville suspendue dans les airs, « pendula villa, » comme disait le Moyen Age, qui cherchait moins la correction dans les mots que la justesse et la vivacité dans l'image ; ville bizarre, étageant ses maisonnettes sur les flancs du rocher, et riant au soleil.

Tout en haut, près du ciel, c'est l'Abbaye, couronne de pierre que la main de l'homme a posée sur la cime de la montagne de Dieu ; l'Abbaye qui porte jusque dans la nue sa forêt de contreforts dentelés, de sveltes ogives, de tourelles légères, de pinacles aériens, de clochetons aux pointes fleuronnées, et ces myriades de colonnettes ciselées, évidées, découpées à l'emporte-pièce, qui s'épanouissent dans les airs comme la gerbe étincelante d'un feu d'artifice...

Le Mont-Saint-Michel nous offre un double caractère : il est tout à la fois religieux et militaire. S'il a élevé un temple pour adorer l'Éternel, il a aussi construit des remparts pour se défendre contre ses ennemis. Quand les escarpements du roc ne protègent pas suffisamment la montagne, elle est entourée de bonnes et fortes murailles, flanquées de tours inexpugnables, munies de fortes redoutes, et, de distance en distance, dominées par des bastions crénelés.

L'enceinte militaire du Mont-Saint-Michel, telle que nous la voyons aujourd'hui, date des premières années du quinzième siècle. L'Abbaye ne fut protégée tout d'abord que par des remparts irréguliers, des tours et des bastilles de bois. La résistance était proportionnée aux moyens d'attaque de cette époque encore primitive de l'art militaire, qui n'avait pas fait du siège des villes une science régulière, méthodique, positive comme les chiffres. Obéissant aux mille caprices du rocher, montant et descendant comme lui, avec une diversité de lignes et de formes, et une abondance singulière de détails imprévus, que l'on ne donne point aux places fortes de nos jours, se développant sur les pentes accessibles, s'arrêtant aux endroits où la défense naturelle est suffisante, ces remparts, avec leurs tours, leurs mâchicoulis et leurs meurtrières, vous offrent, au moment où le flot des grandes mers vient battre leur pied, un coup d'œil vraiment imposant. Cette partie du Mont a été appelée la MERVEILLE, et tout le monde trouve qu'elle a mérité son nom. Longue de 230 pieds, haute de 100 et portée par un soubassement de rochers qui double cette hauteur, l'immense muraille est flanquée de vingt contreforts, ajourée de baies de diverses grandeurs et de différentes formes, et surmontée d'une ligne d'arcades moresques se découpant sur l'azur du ciel avec une hardiesse qui n'a d'égale que leur élégance.

La couleur, ici, rivalise avec la forme, et toute cette partie du Mont-Saint-Michel nous offre des tons d'une richesse incomparable. Dans les anfractuosités et les ressauts de la montagne, partout où elles rencontrent quelques pouces de terre végétale, des végétations vigoureuses vous donnent leur note d'un vert sombre ; les lichens du Nord, habitués à vivre de peu, étendent sur la croupe des grands rocs leur riche manteau, dont les teintes varient du jaune clair au fauve mordoré. D'un peu loin, on dirait un gigantesque autel de bronze et d'or posé sur un parvis d'argent, et vers lequel on monterait par des degrés d'émeraude.

A l'angle du pignon oriental de la Merveille, s'élance, avec une légèreté tout aérienne, la plus svelte et la plus gracieuse des tourelles, découpée, brodée, festonnée d'une fine dentelle. L'architecte a su ménager à l'intérieur un escalier par lequel on croit monter au ciel, et un observatoire qui semble s'ouvrir sur l'infini.

Telle qu'elle est aujourd'hui, avec ses baies immenses, ses contreforts, pareils à de grands bras qui se tendent vers des êtres invisibles, perdus dans l'espace, ses tours hautaines, ses bastions menaçants, la Merveille vous saisit par un caractère de grandeur et d'austérité, de sévérité et de grâce, que vous retrouverez bien rarement à un tel degré dans les œuvres humaines... Pourquoi faut-il que l'on soit obligé de se dire en la contemplant qu'il y eut jadis, derrière ses murailles, des *oubliettes* pour les vassaux rebelles, des *in-pace* pour les moines désobéissants, et des cages de fer pour les victimes de la raison d'État? Hélas! partout où vous rencontrez les fils de la femme, vous trouvez aussi des gémissements et des larmes.

Pour arriver à l'Abbaye du Mont-Saint-Michel, il faut traverser la ville qui porte le même nom, et cette ville, pour petite et misérable qu'elle soit, n'en est pas moins, à coup sûr, une des plus originales et des plus curieuses qui se puissent voir.

On n'y pénètre point comme on veut. Il faut, pour y entrer, franchir une porte étroite défendue par une tour appelée Tour de la Bavole. On se trouve alors dans le premier ravelin, ou la place d'Armes, que l'on appelle aussi la Cour du Lion. Dans le mur à droite, fièrement sculpté, hérissant sa crinière, le roi des animaux, dans une attitude héraldique, pose sa griffe redoutable sur un écusson qu'il a su vaillamment défendre pendant des siècles. Si vous levez la tête, vous apercevez de grands rochers surplom-

L'entrée du Mont-Saint-Michel, vue de la grève.

bants, sombres et nus, mais dans les interstices et les fissures desquels poussent des armelins et des violiers, qui marient leur verdure à celle du lépidium aux larges feuilles. Des canons énormes, les *Michelettes*, pris jadis aux Anglais, et montrant encore dans leurs terribles gueules les boulets de pierre qu'ils lançaient à l'ennemi, nous avertissent que nous sommes ici dans une cité guerrière.

Après avoir regardé en passant ces glorieuses Michelettes, on entre dans le second ravelin, qui s'appelle le Boulevard. Sa porte a gardé le vieux nom de herse : elle conserve encore les restes rouillés et rongés de son ancienne barrière de fer. Elle s'appuie, sur sa gauche, au rocher; sur sa droite, à la Tour du Roi. Le fronton porte les armes de la ville : armes symboliques et parlantes s'il en fut, « un flot d'azur, dans lequel nagent des poissons d'argent. »

On marche quelque temps dans un espace vide, sur un sol de coquilles écrasées, où l'on se croit avec les pêcheurs du

L'entrée des remparts.

Mont, fièrement campés sur la hanche, et portant avec une dignité naturelle, dont l'artiste est frappé, leur costume presque monacal. Le mantelet et la devantière aux larges plis flottants rappellent assez bien le froc; la hotte représente le capuchon renversé, et le retroussoir serre les flancs du Montois, comme la corde à nœuds étreint les reins du carme ou du capucin.

Avant de nous engager dans la ville même, nous jetons un dernier regard aux petits jardinets disposés sur les diverses assises de la montagne, et qui égayent et parent de leur verdure l'âpreté du roc. Là vivent et prospèrent, protégés par les vastes constructions de l'Abbaye contre les vents et les

La porte d'entrée.

tempêtes, les figuiers, les lauriers, les amandiers et toutes les essences méridionales, qui, dans tout autre site, redouteraient les rigueurs de nos froides régions de l'Ouest. Ces végétations sont la grâce du paysage et le charme de la ville.

Heureux l'homme quand à ses œuvres la nature marie son éternel sourire.

A quelques pas de la herse commence l'unique rue de la ville, rue tortueuse et grimpante, sorte d'escalier gigantesque, portant, à droite et à gauche, une maison sur chaque marche. Petites, étroites et basses, fanées, ridées, replâtrées, borgnes et boiteuses, s'appuyant les unes sur les autres, comme de vieilles femmes décrépites, pour ne pas tomber, ces maisons à la porte cintrée, à l'intérieur enfumé, où l'on s'attend à retrouver les bahuts, les crédences et les dressoirs du Moyen Age et de la Renaissance, sont presque toutes des auberges ou des boutiques qui gardent encore leurs noms d'autrefois. On y peut voir la Licorne bleue et la Tête d'or, le Soleil royal et les Trois-Mages, la Sirène et la Truie-qui-file; on aperçoit, suspendus à leurs portes, des filets et des résilles, des dassiers et des havenets, mêlés à des croix d'argent et à des chapelets, en noix de coco ou en noyau d'olive. La ville de Saint-Michel fait aujourd'hui commerce de saintetés; elle ne vend guère que des objets bénits: des Vierges-Maries et des Enfants-Jésus; des vues du Mont, de l'Abbaye et de la Merveille, et ces petits saints Michels en plomb, pareils à celui que portait à son toquet de velours ou à son bonnet de loutre Louis XI, ce roi de France qui tint à honneur d'être le premier chevalier de l'Archange.

Avant d'entrer dans l'Abbaye, tout au haut de la ville, non loin d'une haute tour que l'on appelle la Tour Morilland, on rencontre une masse imposante de débris et de ruines, où l'on distingue encore un portail roman, de ce genre de maçonnerie connu sous le nom de grand appareil, et trois larges cintres au fond d'un jardin. Ces ruines portent indifféremment le nom de Couvent de Sainte-Catherine, ou de Château de dame Tiphaine. Ce logis, vaste et somptueux autrefois, avait été bâti, en 1366, par Bertrand Duguesclin pour sa femme, Tiphaine Raguenel, que les habitants du pays avaient surnommée la *Fée*. C'était là que dame Tiphaine, pour charmer ses loisirs, et tromper

L'escalier des remparts.

les ennuis de l'absence, pendant que son seigneur et maître guerroyait en Espagne, faisait de la philosophie et de l'astrologie judiciaire, contemplait les astres, étudiait leurs mouvements dans les rapports qu'ils peuvent avoir avec la destinée des humains, et dressait les éphémérides de l'avenir.

Quand on a fait le tour du rocher, gravi le raidillon qui est l'unique rue de la ville, et franchi la rampe assez douce qui s'appuie aux remparts, tout à coup, à l'angle de la Merveille, à cent cinquante pieds au-dessus des grèves, un brusque détour de la route aérienne nous met en face de la grande entrée de l'Abbaye.

II

L'architecture a eu rarement des conceptions plus grandioses, plus poétiques et en même temps plus imposantes et plus terribles que celles-ci. Il est difficile de rien imaginer de plus sombre et de plus mystérieux que cette porte, digne de servir d'entrée à quelque palais dantesque, et sur le frontispice de laquelle on serait tenté d'écrire, comme le grand Florentin sur la porte de l'Enfer :

> Per me si va nell' eterno dolore ;
> Per me si va nella cita dolente ;
> Lasciat' ogni speranza, voi ch'intrate ?

> Par moi l'on entre dans l'éternelle douleur ;
> Par moi l'on entre dans la cité des larmes. —
> Laissez l'espérance à mon seuil.

Nulle part l'esprit de l'artiste n'a conçu, nulle part sa main n'a réalisé une œuvre qui fût plus en rapport avec sa destination. On ne saurait rêver un vestibule plus digne de nous introduire dans ce monde idéal, tout à fait à part des réalités qui nous entourent, et qui symbolise, par une architecture tout à la fois sinistre et puissante, les deux plus grandes idées du moyen âge : la religion et la guerre! Un chevalier et un moine, c'est le Mont-Saint-Michel tout entier. N'est-ce point tout entier aussi le monde féodal, tel qu'il fut pendant les cinq longs siècles qu'il pesa sur la face de l'Europe, où il accomplit pourtant de grandes choses?

Deux tours rondes, torulées à leur base, ceintes d'un cordon à la taille, crénelées à leur faîte, et appuyées à des contreforts plats, qui donnent l'idée d'une force et d'une résistance à toute épreuve, flanquent, dominent ou, pour mieux dire, étreignent et serrent, entre leurs deux masses noires, formidables, un escalier plein de profondeurs, escarpé, menaçant. Çà et là d'étroites meurtrières et de petites lucarnes grillées percent cette façade triste et hautaine, qui inspire je ne sais quelle secrète terreur, même aux plus intrépides. Cette entrée, qui s'appelle le Donjon, et qui mérite vraiment bien ce nom de mauvais augure, fut construite vers la fin du seizième siècle par Pierre Leroy, abbé du Mont-Saint-Michel.

Faiblement éclairé par en haut, l'escalier, que protègent et dominent ces deux hautes tours, conduit à un cintre surbaissé, écrasé en quelque sorte par la masse du bâtiment qu'il porte, — Pélion sur Ossa! — donnant accès dans le grand vestibule, que l'on appelle aussi Porte des Gardes. Ce vestibule nous offre deux plans successifs, à l'aide desquels on a voulu remédier à l'inégalité et à la forte inclinaison du sol. Cette grande pièce, œuvre du treizième siècle, choque par son irrégularité les dilettantes de l'art pur; mais il faut convenir que rien n'est plus délicat ni plus charmant que les nervures si fines, si souples et si

Les deux tours du Donjon.

élégantes, qui s'entre-croisent sous sa voûte, ornées de petites roses à chacune de leurs intersections, et s'appuyant à leurs retombées sur de minces colonnes que l'architecte a ménagées à tous les angles de la vaste pièce. C'est dans cette salle, dont les murailles étaient jadis recouvertes de lances, de pertuisanes et de mousquets, rangés sur leurs râteliers, que les vassaux de l'abbaye se réunissaient à certains jours solennels, par exemple à la fête de l'archange, leur glorieux patron.

La porte des Gardes s'ouvre à gauche sur le grand escalier, et à droite sur un couloir qui conduit à la basilique et à la Merveille.

La Merveille comprend trois étages de constructions, dont chacun est divisé en deux pièces immenses, d'un caractère architectural toujours saisissant, ou par sa grandeur et sa force, ou par son élégance et sa grâce, mais offrant toujours le plus profond intérêt à l'archéologue et à l'historien, au poète et à l'artiste.

La première zone des bâtiments de la Merveille s'appelle les Montgommeries, parce que ce fut sous ses voûtes que furent mis à mort les quatre-vingt-dix-huit soldats du chef calviniste Montgommery, qui avait tenté de s'emparer du Mont-Saint-Michel par surprise, et qui lui-même s'y trouva pris par ceux qu'il voulait prendre, et fut livré au père abbé.

Ces Montgommeries, autrefois la salle des Gardes et les écuries du Mont-Saint-Michel, sont un des plus beaux spécimens de crypte que nous connaissions. Nulle part on ne rencontrera une galerie souterraine ou plus étendue ou plus grandiose. Elle mesure 70 mètres de long sur 12 de large; une vingtaine de piliers bas, lourds et trapus, les uns ronds, les autres carrés et portant les retombées anguleuses de la voûte immense et surbaissée, tantôt en plein cintre et tantôt ogivale, divisent les Montgommeries en trois longues avenues.

Cette base de la Merveille, qui a défié les incendies et les éboulements, fut construite en 1117 par Roger II, abbé du Mont. Elle marque la transition toujours intéressante du roman secondaire à l'ogive naissante.

Le jour pénètre par trois côtés à la fois dans cette salle austère, remplie jadis du bruit et du mouvement des chevaux et des cavaliers; le fer et l'acier faisaient retentir le granit sonore et les hennissements et les voix en bannissaient éternellement le silence. La première fois que nous y pénétrâmes, la crypte des Montgommeries était changée en dortoir, et les lits étroits des détenus s'y alignaient en longues files. Nous nous crûmes dans l'entre-pont d'un vaisseau. Il n'était point difficile, en effet, de prendre ces lits pour des hamacs, ces piliers pour des mâts, et ces fenêtres pour des hublots par lesquels, afin que l'illusion fût complète, on apercevait la mer avec ses vagues roulantes, ses îles, ses écueils et ses lointains rivages. Aujourd'hui les Montgommeries, comme tout le reste de l'Abbaye, sont rendues à la méditation et à la prière.

Au-dessus de la Montgommerie de l'est, l'ancienne salle des Gardes, l'architecte de la Merveille avait placé le réfectoire des moines, qui date de 1120, et à l'étage supérieur le dortoir; au-dessus de la Montgommerie de l'ouest, qui fut l'écurie, la salle des Chevaliers, et, comme couronnement de cette portion de l'édifice, le cloître!

Le réfectoire du Mont-Saint-Michel est certainement un des plus beaux qu'il y ait au monde. Il serait difficile d'imaginer des lignes à la fois plus simples et plus pures. Huit piliers ronds à base octogone, aux chapiteaux trifoliés, le divisent en deux nefs. De chacun de ces piliers s'élance vers la voûte élevée, où il s'épanouit avec une souplesse et une grâce charmantes, un faisceau de huit nervures rondes, à l'intersection desquelles fleurissent de jolies rosaces, et qui

Les cheminées du réfectoire.

viennent retomber, trois par trois, ou sur la cymaise des murs, ou sur de fines colonnes accouplées par triolets. Il serait vraiment difficile d'imaginer une disposition plus poétique et d'un plus heureux effet. Jamais peut-être l'arbre gothique ne nous est apparu avec un développement plus magnifique, et dans des proportions plus harmonieuses, unissant mieux la grâce à la force. Cette vaste salle, qui n'a pas moins de 432 mètres carrés de superficie, est regardée comme un des plus beaux spécimens des constructions de ce type que nous ait laissés l'art ogival. Deux grandes cheminées, hardiment projetées en avant, et appuyant leurs corbeaux sur de minces colonnettes, achèvent de donner à cette salle, vraiment unique dans son genre, un caractère incontestablement monumental. C'est dans ce réfectoire qu'assis avec ses barons à la table monastique, le plus fier monarque de son temps, Henri II, roi d'Angleterre et duc de Normandie, fit don à l'abbaye des églises de Pontorson. Les rois d'alors étaient de véritables souverains, maîtres des biens comme de la vie de leurs sujets ; un mot tombé de leurs lèvres transmettait la propriété d'un domaine, d'un couvent, d'une église, à qui avait le bonheur de leur plaire. C'était le règne du bon plaisir. On l'a érigé en théorie de gouvernement ; il a été la raison d'État de plusieurs siècles, et l'on assure qu'il se trouve, même aujourd'hui, des gens pour le regretter.

Fort belle autrefois, maintenant tristement mutilée, la salle de la Conciergerie, tout près du réfectoire, attend encore les intelligentes restaurations dont tant d'autres parties du monument ont déjà été l'objet. Sa voûte hardie est portée par trois colonnes du galbe le plus pur.

Le dortoir occupe, avons-nous dit, la portion supérieure de cette section de la Merveille, celle qui regarde Avranches et prend jour sur la mer par ces jolies arcades moresques d'un effet si pittoresque. C'est une vaste salle qui date de la fin du quatorzième siècle, et qui a subi tour à tour des dégradations et des restaurations également malheureuses. Elle n'offre actuellement rien de remarquable que ses belles proportions.

La salle des Chevaliers s'élève au-dessus de leurs écuries.

Ici, nous nous trouvons en présence d'un type d'architecture vraiment admirable.

La salle des Chevaliers.

Il serait difficile de voir — ou de rêver — une plus intime union de l'élégance et de la force.

L'auteur de cette belle création a réalisé un véritable idéal de noblesse et de beauté. Nul excès dans le détail de l'ornementation; tout au contraire, une sobriété qui paraît à la foule quelque peu sévère, mais dont les juges délicats ne se lassent point d'admirer le grand caractère artistique et monumental.

Seize colonnes divisent en quatre nefs la salle des Chevaliers, qui se développe sur une longueur de plus de quatre-vingts pieds. Par un effet d'optique très habilement calculé, l'entre-croisement de ces colonnes les multiplie pour le regard, qui ne se rend pas compte de leur nombre véritable, et qui croit errer dans une forêt de pierres. Chacune de ces colonnes mériterait une étude à part, car l'architecte, en leur donnant l'air de famille qui convient aux parties d'un même tout, a su les diversifier avec une variété presque infinie. Chacu d'elles est ainsi différente de toutes les autres. Les feuilles de la vigne, du chêne et de l'acanthe, les trèfles, et avec eux toutes les végétations fantastiques de la flore ornementale, qui ne s'est jamais épanouie que dans la pierre et sous le ciseau des artistes, se combinent ici pour arriver à une variété de dispositions infinies : des nervures arrondies, alternativement simples ou deux fois géminées, vigoureuses dans leur élan et souples dans leur parcours, nous présentent un faisceau de douze cordons qui montent vers la clef de voûte, ou retombent sur les tailloirs, en produisant un effet décoratif des plus heureux. Les deux nefs du milieu nous montrent des ogives assez obtuses; les nefs latérales, au contraire, plus étroites, donnent à leurs voûtes un arc en tiers-points, beaucoup plus aigu, et qui se rapproche ainsi de la belle période de l'ogive.

Il est bien évident pour nous que l'architecte qui a construit cette salle a devancé son époque.

Nous sommes encore dans le premier quart du douzième siècle (1120) et ces ogives sont déjà d'une remarquable pureté; elles ont secoué les vieilles entraves du roman; leur fût est hardi, svelte, élancé; à l'antique ornementation du chapiteau primitif de notre architecture nationale, faisant surtout usage du bestiaire symbolique, a déjà succédé le motif végétal, traité avec autant de sobriété que de goût. Les deux cheminées immenses, et dans chacune desquelles peuvent entrer une douzaine d'hommes pour s'y chauffer à l'aise, sont postérieures de trois ou quatre siècles, ainsi que ces fenêtres carrées, à meneaux prismatiques, qui seront plus tard si fort en honneur dans toutes les constructions de la Renaissance.

Pendant le cours de l'existence guerrière et féodale du Mont-Saint-Michel, la salle des Chevaliers servit pour les repas de corps des héros qui avaient choisi le grand archange comme patron; pour leurs conseils de guerre; pour leurs veillées d'armes; enfin, pour leurs exercices et pour la réception des nouveaux chevaliers.

Louis XI, qui avait, comme on sait, le génie de la réglementation, voulut, en créant l'ordre de Saint-Michel, que chaque année, le 29 septembre, c'est-à-dire à la fête de l'archange, il fût tenu dans cette salle un chapitre de chevaliers. Les cérémonies commençaient dès la veille; les chevaliers assistaient aux vêpres, portant des capuchons cramoisis et de longs manteaux de damas, fourrés d'hermine, brodés d'or, et ornés de coquilles d'argent. Le lendemain, ils entendaient la messe dans le même costume; puis ils se rendaient dans cette salle des Chevaliers où la fête se terminait par un festin plantureux. Chaque chevalier, au moment de son investiture, recevait du roi le collier d'or, orné de coquilles et d'un médaillon représentant la lutte de l'archange et du démon, avec cette belle et poétique devise :

« *Immensi tremor Oceani!* »

La salle des Chevaliers avait une décoration héraldique vraiment splendide : des stalles en bois sculpté, des écus, des bannières, des trophées, et les armes de tous les chevaliers de l'ordre, depuis sa création jusqu'à l'institution par Henri III de l'ordre du Saint-Esprit, qui prit la première place dans la faveur du monarque, et devint le but des plus ardentes visées des courtisans. Chacune des stalles de la salle des Chevaliers était *sommée* par le casque et le cimier de son titulaire. C'étaient, de tous les côtés de la salle, de longues files de flammes et de pennons, de boucliers blasonnés, de casques et de lambrequins aux plus vives couleurs, d'un effet pittoresque qu'aucune parole ne saurait rendre : on eût dit vraiment que toute la pompe féodale de l'ancienne France s'était réfugiée dans cette noble galerie. Nous l'avons vue, sous le règne bourgeois de Louis-Philippe, convertie en atelier pénitentiaire. Les voleurs et les escrocs succédaient aux hauts barons; des métiers de tisserands remplaçaient les stalles blasonnées; les héros du bagne méditaient des crimes là où les héros des champs de bataille avaient raconté leurs exploits, et il n'y avait plus dans la salle des Chevaliers que des chevaliers d'industrie.

Un escalier intérieur conduit de cette salle à la merveille de la Merveille, je veux dire au cloître de l'Abbaye.

III

Il semble que le cloître soit l'essence même du monastère, comme il en est la plus haute expression synthétique, et pourtant le cloître manqua pendant plusieurs siècles à l'abbaye du Mont-Saint-Michel. Ce fut Raoul de Villedieu qui l'en dota, en 1228, c'est-à-dire à la plus belle époque de l'architecture ogivale, dont on chercherait vainement ailleurs une production plus poétique ou plus gracieuse.

Avec ce cloître pour couronnement, la portion occidentale de la Merveille semble présenter à nos yeux l'arbre gothique tout entier.

La Montgommerie en est la racine vigoureuse; la salle des Chevaliers, le tronc fort et puissant; le cloître, la fleur épanouie et radieuse. La magnificence de son ornementation, la légèreté de son style, sa situation aérienne, en font un objet sans pair. On l'a nommé le Palais des Anges, et l'expression n'a rien de trop hyperbolique. Imaginez une petite cour carrée, située à plus de 300 pieds au-dessus du niveau des grèves, et suspendue, pour ainsi parler, entre le ciel et la mer, — ces deux abîmes. — Cette cour est enfermée dans une quadruple galerie, formée par des colonnes d'une grâce et d'une élégance incomparables, qui sont alternées de façon que chaque ogive, portée par deux de ces colonnes, semble coupée par une troisième, au point d'intersection des deux arcs qui la forment. Par l'artifice de cette disposition ingénieuse, les cent vingt colonnes de ce petit cloître s'entre-croisent et s'enchevêtrent les unes dans les autres, de façon à paraître beaucoup plus nombreuses qu'elles ne le sont en réalité. Tout ici est, du reste, dans de petites proportions, et jamais le mot de bijou, prodigué trop souvent, ne s'est appliqué plus justement à une œuvre d'architecture. Ces colonnes, je dirais volontiers ces colonnettes, ont à peine six pouces de diamètre et quatre pieds de hauteur, de leur base à leur chapiteau; l'arc ogival qui les accouple deux par deux ne mesure pas plus d'un pied. Ces dimensions permettent de donner à l'ornementation tous les soins dont elle est susceptible. Le fût de chaque colonne est en granit ou en granitelle; l'arc de l'ogive est en pierre calcaire, tirée des carrières de Caen, comme celle qui a servi à la construction de l'abbaye de Westminster à Londres. Tout ce travail est d'une merveilleuse pureté et d'une idéale perfection. On ne comprendrait pas un autre style pour une construction aussi aérienne. L'imagination de l'artiste a pris l'essor et s'est déployée librement dans la sculpture de ces frises et de ces chapiteaux dont la régularité n'exclut point la fantaisie. Leur flore charmante est peu compliquée : c'est l'acanthe et le chardon, le trèfle dans toutes ses variétés, — sans oublier le trèfle à quatre feuilles, que tant de rêveurs ont vainement cherché sur la terre, — c'est encore le lierre, le houx et la rose. Les roses du cloître de Saint-Michel sont des chefs-d'œuvre de sculpture et de dessin. Comme l'a

La Basilique.

dit un naïf historien du Mont: «Toutes les agréables plantes cueillies es cloîtres commencèrent à faire paraître leurs fleurs et leurs fruits en ce palais des Anges.» Mais ici la faune vaut la flore. Des hommes aux physionomies souvent grimaçantes se cachent à demi dans les touffes de ces beaux feuillages; des animaux fantastiques s'y suspendent, monstres dont la nature n'a pas fourni de modèle, licornes héraldiques, que l'on ne voit que dans les bestiaires et les armoiries mais qui ont si grand air et si fière tournure; dragons ailés, aux cuirasses d'écailles, au corps allongé, se terminant en enroulements végétaux.

Une frise d'un fort beau travail décore l'intérieur du cloître, choisissant judicieusement ses motifs d'ornementation parmi les types auxquels l'art savant et compliqué du moyen âge, qui cache la profondeur du symbole sous l'apparence du caprice, attacha une valeur précise et une signification particulière.

Je ne connais pour mon compte ni un site ni une œuvre plus capables d'élever, d'épurer, de fortifier la pensée, que ce cloître d'une si heureuse conception, d'une exécution si habile, bâti à moitié chemin de la terre et du ciel, entre l'homme et Dieu, où l'on ne voit sur sa tête que l'azur infini, autour de soi que les créations d'un art parfait, à ses pieds que la mer immense; où l'on n'entend que les soupirs des vents, et la plainte déjà lointaine de la vague ; où il semble que l'on peut, sans effort, oublier la vallée de larmes, patrie des fils déshérités d'Adam, et ses préoccupations misérables, et ses soucis parfois cuisants, pour entrer dans la sérénité d'une vie idéale, livrée tout entière à la contemplation, au culte et à l'amour du bien, du bon et du beau, ces trois reflets de l'Être suprême et parfait.

On descend du cloître dans les cachots, en passant par la salle des Chevaliers. C'est traverser le paradis pour aller en enfer. Mais les cachots sont vides aujourd'hui, et le Mont-Saint-Michel n'a plus que des reclus volontaires, esclaves de leurs vœux, et prisonniers sur leur parole donnée à Dieu.

A la lueur d'une lampe sépulcrale, nous pénétrons dans le vestibule des Voûtes qui porte, aussi le nom, très poétique, de crypte de l'Aquilon. C'est bien la plus magnifique création que puisse rêver l'imagination d'un poète et réaliser la main d'un architecte. La crypte de l'Aquilon est une vaste pièce, assez basse, dont l'aire inégale suit la pente du rocher. Six piliers romans, à tailloirs carrés, à chapiteaux très simples, mais d'une ornementation large et grandiose, la divisent en deux galeries.

Je ne connais rien de comparable à ces piliers, lourds, massifs, trapus, qui éveillent en nous l'idée d'une force invincible. Ils portent l'Abbaye sans fléchir. Quelque chose nous dit qu'ils porteraient un monde.

De la voûte surbaissée, sur laquelle se tendent des nervures maigres et raides, descendent de grandes ombres que parvient difficilement à percer le pâle rayon de votre lampe. Cette voûte ogivale, contraste étrange avec ces piliers romans, s'appuie d'un côté à la paroi même du rocher, et de l'autre à la muraille extérieure, dans laquelle on a percé de petits jours de souffrance. On voyait jadis un autel au fond de cette crypte, et les mystères sacrés du culte catholique, célébrés dans ces lieux, déjà si imposants par eux-mêmes, devaient y prendre un caractère particulier de majesté et de grandeur. Au moment de quitter cette vaste crypte, à laquelle je ne trouve rien à comparer dans mes souvenirs, j'aperçois les premières marches d'un petit escalier, resserré entre le mur et une colonne engagée.

Où conduit-il? Je n'en sais rien, et je veux n'en rien savoir. Je le laisse dans son vague et son incertitude; mais il me semble que sa porte basse doit s'ouvrir sur un monde fantastique, tout plein de terreurs. Jamais décor d'opéra n'a produit sur moi cette sensation étrange, et forte en même temps, qui saisit l'imagination, la secoue fortement, et l'emporte dans les régions de l'infini.

A gauche de cette crypte, s'ouvre une galerie étroite et haute, dont la voûte — un cintre surbaissé — est faite d'une sorte de cailloutis. Cette galerie vous conduit à l'ancien cimetière des moines, caveau funèbre, comme il n'en existe peut-être pas un second dans le monde entier. C'est une pièce immense, d'environ quinze cents pieds de superficie, recouverte à trente pieds au-dessus du sol par une voûte en pierre d'une grande sévérité de lignes. De cette voûte tombait jadis, dans un bassin de granit, lentement et goutte à goutte, l'eau d'une citerne qui semblait, pareille à la clepsydre de l'éternité, mesurer le temps à la mort, comme si la mort comptait encore les heures. Ces sombres images font courir dans vos nerfs un frisson de terreur. On songe à ce que devait être un enterrement dans ce cimetière, quand les frocs des religieux traînaient à longs plis sur les dalles humides; quand la lueur des torches tremblait dans la profondeur des tombes entr'ouvertes; quand la voix cassée des vieux moines chantait, sur la froide dépouille d'un frère prêt à disparaître, les lugubres versets du *De Profundis* ou les strophes pathétiques du *Dies iræ*. Détail sinistre! le fossé des oubliettes descendait jusque dans le cimetière. Ceux qui mouraient là n'avaient pas beaucoup de chemin à parcourir pour arriver à leur dernier séjour. Ils ne faisaient que changer de tombe!

A droite du vestibule des Voûtes se trouve le promenoir bâti par Robert du Mont, dans les dernières années du douzième siècle. Il est mi-parti de roman et de gothique, long de vingt-cinq mètres, large de six, avec une voûte portée par des piliers à chapiteaux palmés. C'est, à tout prendre, un lieu assez mélancolique et qui ne devait point détourner les pères de leurs pieuses et constantes méditations.

Un escalier qui suit la déclivité du roc, en laissant à droite la cave, où se trouvait jadis la fameuse cage de fer (qui, dit-on, n'était qu'en bois) dans laquelle on enfermait les prisonniers rebelles, porte ce nom de mauvais augure : la Descente des Cachots. C'est la région terrible du Mont-Saint-Michel. On dirait que Dante et Milton se sont inspirés de ces sombres lieux pour écrire leurs chants les plus lugubres. Sous ces voûtes humides, nues, caillouteuses, où l'on aperçoit, de place en place, les blanches efflorescences du salpêtre, où la pierre, travaillée par la main de l'homme, s'incorpore si intimement au roc, œuvre spontanée de la nature, qu'il est impossible de savoir où l'un commence et où l'autre finit; dans ce labyrinthe, dont aucune Ariane ne vient vous tendre le fil, où les gémissements de la mer, cette grande désolée qui se plaint toujours, et les cris perçants des mouettes et des courlis sont les seuls bruits qui vous arrivent, on est livré à une impression d'horreur que rien ne vient adoucir; on se sent au fond d'un gouffre infernal, avec un cimetière sur sa tête, et l'on éprouve une invincible envie de revoir la sereine lumière du ciel, et de respirer enfin une bouffée d'air pur et libre !

La basilique du Mont-Saint-Michel ne se fait remarquer ni par la grandeur de ses proportions, comme celles de Cologne et de Strasbourg, ni par l'unité de son style, comme celle de Coutances, ni par sa richesse sculpturale, comme Notre-Dame de Chartres, Saint-Ouen de Rouen, ou Saint-Pierre de Caen. Elle n'a point de grand portail ; elle n'a jamais eu de tours et elle n'a plus de flèche. Mais son aspect vraiment pittoresque, sa position merveilleuse, unique au monde, son centre appuyé sur la cime du rocher, ses deux extrémités reposant sur des constructions superposées, et ses flancs soutenus en quelque sorte par d'autres édifices ; les grands souvenirs de poésie, de religion et d'histoire qu'elle évoque dans les âmes, tout, en un mot, la rend vraiment digne du pèlerinage incessant qui amène chaque jour dans ses murs des milliers de chrétiens, d'artistes et de penseurs.

Le christianisme a généralement consacré à saint Michel les sommets inaccessibles des montagnes, les pics escarpés, isolés dans leur solitude hautaine, comme si le glorieux archange devait s'arrêter là, tout d'abord, en descendant du ciel. C'est ce qu'il a fait en choisissant ce rocher superbe, qui domine la plus large baie de la Manche, pour en faire le piédestal d'un autel.

La basilique du Mont-Saint-Michel a été ravagée et mutilée à plusieurs reprises. Sa nef, qui se distingue par sa masse et sa sévérité, eut jadis dix travées ; elle n'en a plus que quatre aujourd'hui. On y pénètre par un portail en granit bleu, sur lequel on peut noter l'action du vent et de la salure marine qui l'ont lentement corrodé. C'est une vaste ogive qui s'enfonce sous trois archivoltes et se couronne d'un de ces triangles qu'affectionnait le moyen âge, et qui symbolisaient à ses yeux le Dieu triple et un, le Père, le Fils, le Saint-Esprit de la Trinité chrétienne. Cette nef est flanquée de deux collatéraux étroits qui se terminent en fer à cheval.

Elle appartient au roman, et elle est décorée de trois zones d'arcades. La corniche méridionale est soutenue par

Le clocher, vue prise au-dessus du cloître.

des modillons, et elle a pour ornement un élégant balustre du seizième siècle. Ses chapiteaux ont pour décor des feuilles et des fleurs, quelquefois aussi des étoiles rayonnantes, ou des volutes légères, aux souples mouvements.

Le transept méridional est roman, en moyen appareil, percé au fond de deux baies à voussures profondes, avec moulures, mêlées de coins romans, d'un travail délicat. On trouve, du reste, dans cette nef, une foule de jolis détails d'architecture, qui mériteraient une étude approfondie, et qui offrent un véritable intérêt pour l'histoire de l'art de bâtir : telle est, par exemple, la grande fenêtre ogivale, à fronton triangulaire, semblable à un vaste porche, avec une niche de chaque côté, œuvre authentique du treizième siècle ; ou bien encore la grande arcade romane, avec son archivolte anguleuse ; tel est aussi le grand arc du bas côté, avec la crosse abbatiale et la date de 1638.

Le transept du nord est roman, dans ses parties latérales, comme celui du midi ; à son pignon, il incline déjà vers le gothique.

Le chœur de la basilique est sa partie la plus artistiquement belle. Elle appartient à ce style contesté, et contestable en effet, où la noble architecture ogivale, amaigrissant tout à coup ses nervures, compliquant et contournant ses lignes, s'abandonne à des caprices qu'un art pur et sévère n'absout pas toujours, mais où elle atteint le dernier terme de son opulente et luxuriante fantaisie.

C'est ce style que les Anglais appellent *perpendiculaire*, à cause de l'élancement prodigieux de quelques-unes de ses parties qui semblent tendre vers le ciel ; les Français, *flamboyant*, à cause de l'ardente et brillante effusion de ses lignes qui ont toutes les souplesses et toutes les sinuosités de la flamme ; les Espagnols, *orfèvrerie*, à cause de la finesse et du fini d'un travail qui cisèle la pierre, comme l'orfèvre le métal précieux de ses bijoux.

Le chœur de la basilique du Mont-Saint-Michel peut passer, et il passe, en effet, pour un des spécimens les plus accomplis de ce style, qui, dans toute l'Europe occidentale, a dit le dernier mot de l'art gothique. Mais tandis que

Intérieur de l'église du Mont-Saint-Michel.

partout ailleurs ce type si remarquable n'est en quelque sorte que le jet mourant d'un art épuisé, et, pour ainsi parler, que la chute du beau dans le joli, ici, au contraire, il garde encore la grandeur, la noblesse et la pureté de ses premières aspirations. L'architecte se souvient toujours qu'il est le maître des œuvres vives, et il ne se laisse point absorber par le sculpteur, fait pour lui obéir. Sans doute il a déjà la passion du détail; mais du moins il n'oublie pas encore ce qu'il doit rechercher avant tout : je veux dire la beauté de l'ensemble. Peut-être la sévérité naturelle du granit a-t-elle contribué pour sa part à maintenir au Mont-Saint-Michel l'art ogival du quinzième siècle dans les limites que partout ailleurs il a trop aisément franchies. Quoi qu'il en soit, s'il est vrai que nulle part cette belle et riche matière n'est arrivée à force de travail à plus d'élégance et de légèreté, nulle part aussi le gothique flamboyant ne s'est maintenu dans des lignes plus calmes, plus réservées et plus sobres. Les religieux du Mont-Saint-Michel appelaient leur chœur le *Grand Œuvre*, comme ils appelaient la *Merveille* la portion du monument qui renferme les Montgommeries, le réfectoire, le dortoir, la salle des Chevaliers et le cloître. Ceux qui ont pu comme nous étudier à loisir le chœur de la basilique ne contesteront point la justesse d'une qualification qui paraît peut-être un peu ambitieuse au premier abord, mais qui est vraie et méritée.

Ce chœur est divisé, dans le sens de sa hauteur, en trois zones de baies et d'arcades, qui à l'intérieur semblent former comme trois étages superposés, trois étages lumineux.

La première zone est une arcature pleine, très pure de lignes, assez simple d'ornementation; la deuxième, que, dans la terminologie de l'architecture religieuse, on appelle le *triforium*, est une ligne de fenêtres carrées, du travail le plus exquis, avec balustrade trifoliée; ces fenêtres sont divisées en trois compartiments par des meneaux effilés. L'Abbaye tout entière n'a rien de plus délicat que cette tracerie originale qui charme tout à la fois l'esprit et les yeux. Ce triforium est encadré dans une double frise qui en augmente singulièrement la richesse. Celle de dessous est dans le style le plus pur de la Renaissance ; celle de dessus est d'un dessin composite et capricieux. La troisième zone, celle que l'on appelait le *clerestory*, est formée d'un rang de fenêtres ogivales.

Comme il arrive trop souvent dans les constructions qui relèvent du gothique flamboyant, la voûte du chœur est surchargée, jusqu'à la confusion. Ici il y a excès, et

L'excès en tout est un défaut.

L'ornementation du chœur de cette noble basilique répondait jadis à sa beauté architecturale. Mais les vicissitudes subies à diverses reprises par l'illustre abbaye ne l'ont pas épargnée plus que le reste de l'édifice. C'est en vain que l'on chercherait aujourd'hui ce maître-autel du seizième siècle, revêtu de lames d'argent, ainsi que ses gradins et son tabernacle, surmonté de la statue de l'archange exterminateur, avec l'image poétiquement chimérique et finement ciselée du dragon infernal qui se tordait, se débattait sous les pieds de son vainqueur. Aujourd'hui, derrière son autel nouveau, absolument moderne, on voit encore un groupe de l'archange et du démon, d'après Raphaël. Le saint Michel du grand artiste, que l'on a si bien appelé le fils d'une muse et d'un ange, a la tête de l'Apollon et les formes d'un dieu antique, comme si son auteur, se souvenant moins de l'ange que de la muse, voulait être plus païen que chrétien.

On ne retrouverait pas davantage l'aigle en cuivre sculpté aux ailes éployées, placé au milieu du chœur en 1488, pour servir de lutrin aux chantres, ni les stalles des chevaliers, œuvre des plus habiles sculpteurs du quatorzième siècle. Tout cela a disparu avec le grand balustre aux fines ciselures, les six grands chandeliers des fêtes solennelles, le bras de saint Aubert enchâssé dans l'or, et la crosse de dix mille livres du révérend père abbé.

Les fresques qui règnent autour du chœur, sur une saillie en pierre de Caen, ont encore, malgré certaines altérations, une très réelle valeur. Des bas-reliefs d'une bonne conservation et d'une très réelle habileté de main nous prouvent que la sculpture s'unissait à la peinture pour décorer plus dignement le Grand Œuvre. Quelques-uns de ces bas-reliefs sont d'une exécution vraiment remarquable. J'en citerai un particulièrement, que la naïveté et en même temps la puissance d'expression des physionomies recommandent à l'attention des visiteurs. On pourrait l'intituler la *Barque*. C'est un souvenir christianisé du paganisme.

Cette barque, en effet, c'est la nef fatale qui passe les âmes de ce monde dans l'autre, c'est la barque de Caron, chantée par Virgile, parodiée par Lucien, immortalisée par Dante et par Delacroix. Ici, le nocher infernal est remplacé par le doux Jésus, debout, tenant en main une croix autour de laquelle flotte une banderole. La barque est fragile et battue par la tempête, et s'entr'ouvre déjà; mais, comme dit la devise d'un autre vaisseau célèbre : *Fluctuat nec mergitur!* elle est ballotée, mais non submergée. — C'est en vain que, de toute part, les vagues irritées s'élancent pour l'assaillir ; c'est la barque du *Pêcheur d'hommes;* c'est la barque de Pierre, elle ne sombrera point ! Cependant de hideux démons, à la peau squameuse et à la langue écarlate, veulent l'enlever à l'abordage, tandis qu'une foule de malheureux s'épuisent en vains efforts pour obtenir leur passage. Un d'entre eux a touché le cœur du Christ, qui le retire des flots à demi noyé. Les autres vont infailliblement périr ; parmi eux je vois un enfant, et je me demande avec effroi quel crime il a pu commettre pour mériter l'éternelle damnation.

Tous les sujets de ces fresques et de ces tableaux sont empruntés à la Bible, à l'Évangile ou à la Vie des Saints, et les artistes les ont parfois traités avec une naïveté singulière. Mais cette naïveté n'est jamais sans charme, et je la préfère aux raffinements des siècles impies qui veulent faire des tableaux de sainteté quand, hélas ! ils n'ont plus la foi.

Comme presque tous les édifices du Moyen Age et de la Renaissance, la basilique du Mont-Saint-Michel était décorée de magnifiques vitraux, tamisant la lumière avec une incroyable variété d'oppositions et de nuances. L'effet en était surtout charmant pour qui savait choisir son jour et son heure. — Quand, par exemple, le soleil qui les traversait incendiait les fenêtres de ses rayons, et mieux encore quand la pluie qui les fouettait, ne laissant plus arriver jusqu'à elles qu'une lumière déjà décomposée, elles versaient sur les dalles du chœur, comme un torrent de flots irisés, la splendeur de leurs flammes mouillées. Le vandalisme de ces grands siècles si remarquables au point de vue des lettres, des sciences et de la philosophie, mais si barbares pour tout ce qui touche certaines formes de l'art incomprises par eux, — je veux parler des siècles de Louis XIV et de Louis XV, — a détruit ces vitraux pour les remplacer par des vitres blanches. On ne saurait pousser plus loin la profanation.

L'abbaye du Mont-Saint-Michel a perdu aussi une autre de ses beautés : je veux parler de sa magnifique sonnerie de neuf cloches, qui fut donnée à la cathédrale de Coutances, moins celle que l'on appelait le *cloche du brouillard*, que l'on sonnait quand le Mont s'enveloppait dans ses voiles de brumes. La commune et le département s'en disputent aujourd'hui la possession. Ces neuf cloches, épandant leurs volées solennelles de la cime de leur tour, élevée à trois cents pieds de hauteur, dans un espace vide de dix lieues carrées, ajoutaient je ne sais quelle poésie à toutes celles dont l'art et la nature avaient déjà doté cet admirable séjour. La grande voix mystérieuse de cette musique aérienne, planant, dans le silence auguste, au-dessus des grèves ou des flots, avait je ne sais quelle imposante majesté qui frappait jusqu'aux hommes les moins accessibles à l'impression poétique des choses extérieures.

Une de ces cloches s'appelait *Rollon*, en souvenir, sans doute, du grand chef normand. On connaissait au loin sa note grave et profonde, et, quand les vassaux du Mont entendaient ses nobles accents, ils comprenaient que l'ennemi était proche, et ils accouraient au pied de l'abbaye, pour lui faire de leurs corps une ceinture vivante... et la défendre !

Autour de ce chœur, dans lequel se sont concentrées la grâce, l'élégance et la délicatesse de trois siècles, rayonne une série de jolies chapelles. La principale, placée au centre, derrière l'autel, est, selon l'usage, dédiée à la Vierge Mère, et sa voûte est encore la reproduction en miniature de la voûte même du temple. Les autres ont perdu pour la plupart leurs beaux pendentifs, mais du moins elles ont gardé leurs nervures prismatiques profondes et leurs clefs de voûte fleuronnées, épanouies en rosaces.

Le pourtour de ces chapelles forme au dehors une saillie

accentuée; elles sont surmontées d'une véritable forêt de clochetons, de pinacles, de contreforts et d'arcs-boutants, qui s'élancent comme par bonds, en formant différents étages de sculptures, jusqu'au sommet de l'édifice, couronné à son rebord extérieur par une galerie à jour d'une grande variété de décor, hérissée de gargouilles qui se terminent en têtes d'animaux, et portant sur toutes ses faces des coquilles, des fleurs de lis, des accolades moresques, et toute la flore féconde qu'une riante imagination mit au service des architectes du Moyen Age et de la Renaissance. Tous ces motifs sont habilement sculptés dans un granit fin et poli, donné au Mont par les ducs de Bretagne. La Bretagne n'est-elle pas la terre du granit comme du chêne?

IV

On sort de la basilique par une jolie porte de la Renaissance, brodée d'arabesques délicates sur ses pilastres et sur son fronton, et l'on a devant soi un bâtiment construit au dix-septième siècle, et qui fut la *Bibliothèque*. C'est de là que sont sortis ces livres savants, édités pour la plupart par les bénédictins, et que l'on reconnaît, dans les collections où on les rencontre aujourd'hui, à cette mention qui ne saurait laisser de doute sur leur provenance :

Ex Libris S. Michaelis in periculo maris.

C'est dans cette bibliothèque qu'avaient lieu les cours de rhétorique, de théologie et de philosophie, si fréquents sous les derniers prieurs; c'est dans ce sanctuaire de la science et du travail que venait s'enfermer le célèbre évêque d'Avranches, Daniel Huet, un des érudits les plus profonds de son époque, qui travailla jusqu'au dernier jour de sa vie. Ce qui faisait dire aux bonnes gens d'Avranches, que surprenait cet éternel labeur :

« Nous prierons le roy de nous donner un évêque qui ait fini ses études, car, lorsque nous allons parler à celui que nous avons aujourd'hui, ses gens nous renvoient toujours en nous disant : Monseigneur étudie ! »

De la bibliothèque nous descendons à la crypte des Gros Piliers, le plus beau souterrain du Mont-Saint-Michel, et l'un des plus beaux du monde entier. Les gros piliers, énormes, ronds, de plus de douze mètres de circonférence, à base polygonale, sont au nombre de vingt, et leur seul aspect vous donne l'idée d'une puissance invisible et d'une force de résistance qui peut tout braver. Ils soutiennent une voûte sur laquelle se ramifient leurs maigres nervures, tendues comme des ailes de chauves-souris. C'est cette voûte, d'une admirable construction, qui porte la masse tout entière du chœur et de l'abside de la basilique. Comme un autre Atlas, elle porterait le ciel sans ployer.

Autour de la crypte grandiose des Gros Piliers rayonnent cinq chapelles, dont la principale est dédiée à Notre-Dame-sous-Terre, — le nom de sa patronne est bien choisi ; — la lumière qui pénètre dans la crypte par les étroites fenêtres de ces chapelles va s'éteindre dans l'ombre des piliers, où elle se dégrade irrégulièrement en perdant peu à peu son intensité première. La conception grandiose et savante de cette crypte merveilleuse révèle un talent architectural de premier ordre, et le simple examen de ces piliers avec leurs bases polygonales, leurs fûts sans chapiteaux, leurs nervures prismatiques, accuse la main du quinzième siècle et fait de cette crypte incomparable une contemporaine incontestée du chœur lui-même et de son abside.

Un escalier, qui part de la crypte des Gros Piliers, vous conduit jusqu'au Plomb du Chevet ou Tour des Chapelles, en longeant les anciens cachots connus sous le nom de Cachots des Exils.

Nous ne nous arrêterons point dans cette forêt de pierre, que nous décrivions tout à l'heure, et dont la flore s'épanouit, avec une luxuriance sans égale entre le ciel et la mer. Il y a des ruines dans ce désert aérien. La chute de la tour, lors de l'incendie de 1594, le ruisseau de métal en fusion coulant des cloches fondues, une pluie de pierre, de fer et de poutres enflammées, l'archange renversé tombant de sa hauteur et de son poids sur ces ornementations légères, ont causé des ravages qui ne sont pas encore réparés et qui peut-être ne le seront jamais !

Il faut monter encore, monter toujours et ne s'arrêter qu'aux saillies du Petit et du Grand Tour des Fous, au pied de cette tour massive et carrée qui remplace, sans la faire oublier, la flèche aiguë, fleurie, découpée à jour et terminée par un archange d'or aux ailes déployées, tenant à la main un glaive flamboyant et dominant superbement l'espace au loin.

Quand on est arrivé au point extrême où l'on doit nécessairement s'arrêter dans cette ascension audacieuse, on n'a plus sur sa tête que le ciel infini. Mais, devant soi, à ses pieds, autour de soi, plus loin, partout, c'est un spectacle d'une étendue et d'une diversité que rien n'égale. C'est tout d'abord la toiture du chœur, avec ce fourmillement de clochetons, de pinacles, de contreforts, de claires-voies, de tourelles, de tourillons, en un mot de saillies de toute espèce, au milieu desquelles le caprice de l'architecte a sculpté des chiens, des loups, des licornes et ces milliers d'animaux fantastiques dont il a trouvé le modèle dans son imagination surexcitée, et non dans la nature.

Vue de là, c'est-à-dire à une distance d'environ trois cents pieds, la ville suspendue, la « *pendula villa* » du moyen âge, avec ses maisons petites et misérables, et ses jardins si profonds que l'on dirait des fosses de verdure, bouclée et serrée dans sa ceinture de remparts, ne laisse point que de perdre singulièrement de son importance; elle ne semble vraiment plus qu'un point dans l'espace.

Mais, de cette station élevée, dominant tout, et où rien n'arrête le regard, il faut contempler la baie à laquelle le Mont lui-même a donné son nom. On dirait un grand lac triangulaire, enfonçant dans l'intérieur des terres ses deux longs bras humides. Quand le flot se retire de l'autre côté du Mont, qui n'est plus alors « *au péril de la mer* », le lac devient une grève morne, grise et pâle, sillonnée de ses trois rivières, le Couesnon, la Sélunce et la Sée, dont les eaux miroitent comme des rubans de moire glacée d'argent. Mais si cette baie est vaste, du moins elle n'est pas monotone. Ici de grands îlots de verdure contrastent avec les petits lacs salés que la mer en se retirant a laissés çà et là, dans des criques naturelles, que la main de l'homme n'a point arrondies. Des plaques blanches, d'une poussière de sel que l'on a si bien nommée les frimas de l'été, opposent leurs teintes d'argent aux grandes touffes de salicornes et de polygoniums, ou de graminées rousses, que viennent tondre les moutons, amis des prés salés.

Que le voyageur imprudent ne se confie point sans guide à cette grève perfide. Le péril du sable n'est pas moindre que le péril de la mer. Qui n'a pas entendu parler des *enlisements* de la baie du Mont-Saint-Michel, vous menaçant à certaines heures du plus terrible des supplices? On appelle *lises* des bancs de sables mouvants, formés par le caprice des rivières qui abandonnent leurs anciens lits pour s'en creuser de nouveaux à quelque distance. Le terrain ne se raffermit point à la place quittée, et la lise, qu'un œil exercé peut reconnaître à sa couleur plus terne, est quelquefois si fluide, qu'un objet s'y engloutit en quelques secondes. Parfois aussi les lises peuvent supporter le poids d'un homme marchant rapidement. Il semble alors au voyageur qu'il court sur une mer en caoutchouc. Le sol ondule autour de lui et fuit sous ses pieds. Cette sensation étrange peut devenir tout à coup terrible. La lise est prompte à changer de nature; elle se liquéfie à demi et, n'offrant plus au pied qui la foule une résistance suffisante, elle s'entr'ouvre peu à peu pour engloutir l'imprudent qui s'est fié à ses trompeuses apparences. Il voit la mort sans pouvoir l'éviter... Lentement, mais fatalement, le gouffre inexorable le prend, l'attire et l'entraîne dans ses épouvantables profondeurs... Chaque pas qu'il tente pour se dégager l'embourbe davantage ; il descend par son propre poids dans l'abîme sans fond, jette un dernier regard à la silhouette morne et hautaine du Mont, qui ne peut rien pour lui, invoque le ciel qui reste d'airain, et, vivant, livré aux angoisses d'une agonie d'autant plus épouvantable qu'elle ne cesse point un instant d'avoir conscience d'elle-même, il descend peu à peu dans cette tombe, qui l'oppresse et qui l'étouffe, avant de le dévorer.

Au sublime tableau du Mont-Saint-Michel et de la baie qui l'entoure la nature a donné un cadre magnifique, plein de mouvement et de variété : je veux dire les marais de Dôle et de Pontorson, les prairies de Beauvoir, les *mondrins* de Courtils, sortes de dunes artificielles, qui marchent, avancent ou reculent sous l'action des vents et des flots.

Plus loin, c'est le promontoire d'Avranches, auquel sa puissante végétation donne les teintes vertes et foncées de l'émeraude. C'est encore le cap de la Chaise, qui s'élance vers le cap de Torin, comme pour fermer la baie ; c'est la côte bretonne faisant pendant à la côte normande, et mettant ainsi en présence nos deux plus belles provinces. Enfin, à l'arrière-plan, c'est un ensemble, arrangé à souhait pour le plaisir des yeux, de moulins, de châteaux et de maisons blanches, se détachant en vigueur sur des rideaux de grands arbres qui leur servent de fond ; puis, dominant tout, des clochers qui pointent vers le ciel, immobiles jalons de l'espace aérien.

Si nous sommes parvenu à faire passer dans l'esprit de nos lecteurs les impressions que l'imposant spectacle du Mont-Saint-Michel a fait naître dans le nôtre, il se dira comme nous que peu de noms doivent réveiller plus d'idées de grandeur et de poésie. Ce roc solitaire et sublime associe harmonieusement aux beautés de la nature la plus pittoresque et la plus grandiose les plus pathétiques souvenirs de l'histoire. Le passé ressuscite et respire dans la pierre vivante de cette montagne sculptée et bâtie, qui jaillit des grèves arides et désolées, pour porter au ciel, non pas le magnifique témoignage de notre néant, comme la tombe des grands de ce monde, mais la preuve éclatante de ce que peuvent la volonté et la main de l'homme au service d'une inspiration généreuse. Je ne saurais donc m'étonner si le Mont-Saint-Michel, posé dans un site admirable, asile religieux, forteresse invincible où la fleur de la chevalerie a laissé des traces immortelles de sa valeur, foyer rayonnant de la science, centre de la production artistique et littéraire de plusieurs siècles, a été rangé parmi les merveilles de l'Occident, et si les nombreux pèlerins qu'il attire à lui ne trouvent ni exagération, ni flatterie chez les vieux chroniqueurs qui l'ont appelé le Palais des Anges! Rien ne lui manque de ce qui fait la renommée des lieux célèbres, pas même ce merveilleux que l'imagination de l'homme, toujours avide de surnaturel, associe avec bonheur à toutes ses créations. L'histoire, en effet, ne lui suffit presque jamais, et il faut qu'elle appelle la légende à son aide, comme si la vérité ne pouvait lui plaire que lorsqu'il s'y mélange un certain alliage de poésie.

Des traditions, sur l'autorité desquelles il serait difficile de se prononcer, veulent que le Mont-Saint-Michel, alors désigné sous le nom de *Tombe*, à cause de sa forme extérieure, ait été consacré par les Druides comme un sanctuaire religieux. Nos pères auraient donc révéré cet autel sublime à l'égal de leurs dolmens et de leurs menhirs les plus célèbres, et ces cimes escarpées auraient vu, dans les grands jours solennels, défiler le cortège des prêtresses celtiques, les blondes sœurs de Norma et de Velléda, portant la ceinture étoilée, couronnées de gui et de verveine, et faisant sonner sur leurs épaules les flèches enchantées dans leurs carquois d'or.

Plus tard les Romains, qui l'occupèrent à leur tour, le dédièrent à Jupiter dont il porta le nom, — *Mons Jovis*, lisons-nous dans les anciens historiens, — et ils y sacrifièrent au plus puissant de leurs dieux.

Pendant la domination des rois mérovingiens, qui avaient englobé cette partie de la France dans leur royaume de Neustrie, des moines s'étaient retirés sur ces hauteurs, et ils y servaient Dieu, l'adorant en esprit et en vérité. Le Ciel leur prouva par un miracle qu'il agréait leur prière, car dans ce lieu, privé de tout secours, où l'on ne peut ni semer, ni récolter, ils furent nourris d'une façon surnaturelle, et sans avoir jamais à s'occuper du pain quotidien. Ce n'était pas un corbeau qui leur apportait leur dîner, comme il arriva jadis au prophète Élie dans les grottes du Carmel; c'était un petit âne qui, conduit par un esprit céleste, mais invisible, venait à eux, malgré vent et marée, par des sentiers impraticables pour tout autre que pour lui, chargé par des mains inconnues de tout ce qui pouvait être nécessaire aux bons ermites.

Cependant un prêtre du nom d'Aubert, qui demeurait dans la ville d'Avranches, fut averti par une révélation, dont il reçut la faveur pendant son sommeil, qu'il devait bâtir en ce lieu un temple au bienheureux archange saint Michel, un des sept esprits lumineux qui se tiennent toujours debout devant le Seigneur, et le vainqueur du démon dans la grande bataille que se livrèrent les bons et les mauvais anges, au commencement des siècles, celui-là même qui est plus spécialement préposé à la garde du Paradis, et qui introduit les âmes prédestinées dans le séjour de l'éternelle félicité. Cependant, comme Aubert, bien qu'il fût un saint homme, n'attachait pas une très grande importance aux visions, surtout à celles qu'il avait pendant son sommeil, il ne tint pas compte des deux premiers avertissements qui lui venaient d'en haut. Mais la troisième sommation fut accompagnée de moyens coercitifs qui lui donnèrent à réfléchir. L'envoyé de Dieu lui fit un trou à la tête avec son doigt. Cette tête avec son trou, on peut la voir aujourd'hui encore, dans l'église Saint-Gervais, une des églises paroissiales d'Avranches. Cette fois, l'homme de Dieu ne douta plus. Il est vrai qu'il était assez averti, pour croire. Aussi, obéissant enfin à l'ordre du Ciel, il alla sur la grande Tombe, au milieu de la baie, et il y construisit, en l'honneur de l'archange, une crypte, ou église souterraine, pouvant contenir environ cent personnes. Ce fut là le premier monument chrétien que le Mont-Saint-Michel ait connu. Mais Aubert ne crut pas avoir fait assez encore, et il envoya jusqu'en Asie deux hommes sûrs, pour demander des reliques de saint Michel aux religieux du mont Gargan, où se trouvait une église bâtie en son honneur. L'abbé du mont Gargan donna aux messagers d'Aubert une partie du manteau rouge porté par le champion de Dieu, et un fragment du piédestal de marbre sur lequel se tenait autrefois le superbe vainqueur de Satan.

Les envoyés d'Aubert revinrent au Mont-Saint-Michel le jour même où l'on célébrait la dédicace de la nouvelle église. Pour que l'évidence du miracle ne laissât plus dans les âmes la moindre place au doute, grâce aux précieuses reliques, un grand nombre de malades furent guéris : douze aveugles recouvrèrent la vue, et du cœur de la roche jaillit une source vive dont l'onde sacrée eut le pouvoir de rendre la santé aux fiévreux. Aubert établit là douze clercs d'une grande piété, et les consacra au service de l'archange.

Les clercs séculiers occupèrent le Mont-Saint-Michel pendant plus de trois cents ans, et pendant cette longue durée le Mont-Saint-Michel n'eut pas d'histoire. On sait seulement que la discipline de ces clercs, que l'on appelait aussi des chanoines, se relâcha singulièrement.

Aussi, en l'année 966, Richard, duc de Normandie, les fit mettre en jugement et condamner. Il fit davantage encore : il leur reprit le Mont, dont ils n'étaient plus dignes, et, avec l'agrément du pape, les remplaça par des moines, dont les vertus édifièrent toute la contrée. La bonne odeur de leur sainteté, comme disent les mystiques, se répandit jusque dans les pays lointains.

Le duc Richard commença la série de ces grands travaux qui, se continuant de siècle en siècle, ont fait du Mont-Saint-Michel le magnifique ensemble que nous admirons aujourd'hui. Ce prince enrichit l'abbaye de dons précieux, et, depuis lors, les rois et les grands de la terre « en ce tant doulx pays de France » s'empressèrent d'imiter son exemple.

L'administration des abbés appartient surtout à l'histoire ecclésiastique de notre patrie, et c'est à la *Gallia christiania*, et non pas à nous, qu'il appartient de la raconter. Tous ou presque tous eurent uniquement en vue la prospérité et la grandeur de leur communauté. Ils accrurent les domaines de l'abbaye, ou par les dons volontaires qu'on leur offrait, ou par des concessions que leur faisaient des seigneurs pieux, et aussi par des transactions habilement conduites : pour être moine, en est-on moins Normand? Les travaux se succédaient sans interruption, chaque abbé se faisant un point d'honneur d'ajouter son œuvre à l'œuvre de celui dont il tenait la crosse.

Le Mont-Saint-Michel, grâce à tant d'énergique persévérance, devint bientôt célèbre dans toute la chrétienté. C'était un des lieux de pèlerinage les plus en vogue chez nos aïeux. Les rois y venaient, ou s'y faisaient représenter par leurs favoris, et ses abbés, qui portaient la mitre comme les évêques, correspondaient directement avec le pape, sans le canal de l'ordinaire.

Mais le quatorzième siècle n'avait pas encore atteint la moitié de son cours que l'on s'apercevait déjà d'un certain affaiblissement dans la discipline et d'un regrettable relâchement dans les mœurs des religieux. On dut faire de fréquentes inspections dans la maison et envoyer les moines qui travaillaient peu étudier à Caen ou à Paris.

V

Cependant on était arrivé déjà à l'époque la plus sanglante de cette terrible guerre qui coûta tant d'or et tant de sang à l'Angleterre et à la France. Une position aussi forte et aussi importante que celle du Mont-Saint-Michel, commandant, en quelque sorte, les côtes de la Manche et celles de la Bretagne, excita singulièrement la convoitise des belligérants.

On songea donc à tirer parti de son admirable position pour la défense du pays. A partir de 1334, l'abbé du Mont-Saint-Michel prit aussi le titre de capitaine du Mont. Il était obligé de tenir la crosse d'une main et l'épée de l'autre. Les habitants des paroisses voisines, dans la mouvance du Mont, lui devaient le service des armes et venaient faire le guet sur ses remparts. C'était une vie toute nouvelle qui commençait pour l'abbaye. A sa gloire littéraire déjà grande, et à son renom de piété, elle allait joindre l'illustration que donnent les armes.

Au quinzième siècle le Mont-Saint-Michel eut l'honneur

de rester seul indépendant — et français — quand déjà le reste de la Normandie était soumis — et anglais ! Bientôt on dédoubla les pouvoirs dans cette forteresse naturelle et imprenable : à côté de l'abbé, chef de la communauté religieuse, il y eut un capitaine du Mont, commandant la garnison et chargé de tout le pouvoir et de toute la responsabilité militaires.

Le Mont-Saint-Michel eut alors une période éclatante d'enthousiasme héroïque et de gloire guerrière.

En vain les Anglais, établis sur le rocher voisin, — TOMBELAINE, — presque aussi important que le Mont-Saint-Michel lui-même, et sur dix autres points stratégiques des côtes bretonnes et normandes, lui livrèrent de furieux assauts. Il résista. On peut dire que c'est une des rares forteresses qui ne se sont jamais rendues. La plupart des grandes familles normandes se font aujourd'hui un titre de gloire d'avoir concouru jadis à sa défense. Leurs noms sont précieusement conservés dans les manuscrits de l'abbaye, et leurs armes brillent encore, çà et là, sur les murailles de la citadelle monacale.

Le Mont-Saint-Michel ne fut ni moins courageux, ni moins heureux dans les guerres de religion que dans les guerres nationales. Il resta catholique au seizième siècle, comme il était resté français au quatorzième et au quinzième, et il repoussa les huguenots comme il avait repoussé les Anglais.

Sachons reconnaître que, dans toutes les grandes occasions, les moines secondèrent les chevaliers avec un zèle et un courage que rien ne refroidit. Le froc valut la cuirasse. Les religieux payèrent de leur personne et de leur bourse, et on les vit, dans la gêne de l'État, engager leurs croix, leurs mitres, leurs crosses et leurs vases sacrés. Le roi de France, pour reconnaître leur dévouement, leur avait accordé, en 1426, le droit de battre monnaie pendant trois ans.

En 1462, Louis XI vint en pèlerinage au Mont, et, à cette occasion, bien que fort avare, il donna à l'abbaye une image en or fin de son patron : c'était une sorte d'énorme plaque, soutenue par une chaîne également en or. Il y joignit une grosse somme d'argent. Il fit plus : quelques années plus tard, en 1469, il institua l'ordre royal des chevaliers de Saint-Michel. On a conservé les termes de la charte d'institution ; ils sont curieux et caractéristiques :

« Nous, à la gloire de Dieu..., à la révérence de mon Seigneur saint Michel archange, premier chevalier, qui pour la querelle de Dieu victorieusement batailla contre l'ancien ennemi de l'humain lignage, et le trébucha du ciel, et qui son lieu et oratoire, le Mont-Saint-Michel, a toujours fièrement gardé sans être pris... Affin que tous nobles courages soient plus esmeus à toutes vertueuses armes, le 1ᵉʳ août 1469 avons constitué un ordre de fraternité, ou amiable compagnie de chevaliers, jusque à 36, lequel nous voulons être nommé : *Ordre de Saint-Michel.* »

Le collier était d'or, à coquilles enlacées d'un double lacs, assises sur chaînettes émaillées d'or ; au bas du collier, l'image d'or de saint Michel sur un rocher, avec ce motto superbe et justifié :

IMMENSI TREMOR OCEANI.

Un des statuts porte que les cérémonies de l'ordre se feront au Mont-Saint-Michel, et que les chevaliers auront place au chœur. Les chapitres de l'ordre se tenaient dans la merveilleuse salle que l'on appelait la salle des Chevaliers, dont nous avons essayé de faire connaître la grandeur et la beauté.

Les cloîtres sont faits pour les moines, qui doivent les habiter dans le silence de la méditation, le recueillement austère et la prière assidue. Pendant les grandes crises internationales ou sociales, le contact des hommes d'armes peut leur être parfois nécessaire; mais, s'il se prolonge, il finit toujours par leur devenir fatal. La fréquentation des rois, des grands seigneurs et des princes, — princes de la terre et princes de l'Église, — peut leur donner un certain lustre trompeur et passager; mais elle ne tarde point à corrompre leur esprit; elle amène le relâchement de leur discipline: en un mot, elle altère leur essence. Du moment où le Mont-Saint-Michel eut des capitaines séculiers, étrangers à l'abbaye même, appartenant à de grandes familles aristocratiques, et occupant de hautes situations dans le monde et dans l'État, ceux-ci, à leur tour, voulurent avoir des abbés de leur nom et de leur sang, qui le plus souvent, déjà couverts de titres et ployant sous le poids des bénéfices, se contentaient du nom d'abbé et ne résidaient jamais dans leur abbaye. Ils tiraient de leur charge tout ce qu'elle pouvait produire, et la faisaient administrer par de simples prieurs, réduits à ce qu'on appelait alors la portion congrue.

Le cardinal Guillaume d'Estouteville, frère de ce fameux capitaine Louis d'Estouteville qui, à la tête de cent dix-neuf chevaliers, presque tous Normands, avait défendu le Mont-Saint-Michel contre vingt mille Anglais commandés par lord Scale, inaugura la série des commendataires, abbés grands seigneurs, n'ayant de sacerdotal que l'habit, et sous lesquels la vie claustrale ne tarda point à perdre cette austérité qui faisait sa grandeur, pour se précipiter sur le déclin fatal d'une décadence sans remède. Guillaume d'Estouteville fut du moins un abbé magnifique; il fit beaucoup pour le Mont-Saint-Michel, dont il accrut la fortune, la renommée et la splendeur. Mais il y en eut d'autres, comme le cardinal de Joyeuse par exemple, qui renvoyèrent une partie de leurs moines pour ne pas être obligés de les nourrir, et pour augmenter aussi, à l'aide d'une économie sacrilège, les revenus et profits qu'ils retiraient de leur bénéfice. Les moines, qui voulaient vivre (et l'on conviendra que c'était bien un peu leur droit), plaidaient contre leurs abbés pour de misérables questions d'argent, oubliant, les uns et les autres, qu'il a été dit que « toute maison divisée contre elle-même périra ». Jamais peut-être l'ancien régime, qui finit par mourir des abus qui l'avaient fait vivre, ne poussa ces abus plus loin que dans l'administration du Mont-Saint-Michel. On en arriva à nommer des abbés de cinq ans! Tel fut Henri de Lorraine, pourvu dès le berceau, pour ainsi parler, de cette charge aussi importante que lucrative, par le roi Louis XIII, celui-là même que l'on surnomma le Juste.

Avec un tel système d'administration et de gouvernement, les désordres, qui depuis si longtemps déjà s'étaient glissés dans l'antique et vénérable communauté, devinrent si grands, qu'une réforme fut jugée nécessaire.

Cette réforme fut confiée aux pères de Saint-Maur, qui, après avoir signé un concordat avec les moines, prirent possession de la célèbre abbaye en 1622. Depuis Maynard, premier abbé, élu en 966 par les religieux que le duc Richard avait établis au Mont-Saint-Michel, la grande communauté en avait compté quarante et un, dont quelques-uns furent des hommes d'un grand talent et d'une haute vertu.

Avec les pères de Saint-Maur, les fonctions administratives des abbés furent confiées à des prieurs.

Le premier prieur nommé par le chapitre de la congrégation de Saint-Maur fut dom Charles de Malleville (1623), qui sut gagner le cœur des moines, auxquels il venait imposer une règle nouvelle, et qui lui montrèrent l'obéissance affectueuse et le tendre respect que les fils doivent à leurs pères. Les moines du Mont-Saint-Michel assurent que de nombreux miracles, survenus à cette époque, prouvèrent surabondamment que Dieu approuvait cette réforme.

Ce n'étaient point les moines qui nommaient leurs prieurs : c'était le chapitre de la congrégation qui les envoyait au Mont-Saint-Michel, où on ne les laissait que quelques années, après quoi on les relevait de leurs fonctions pour leur confier d'autres charges. Ces prieurs, qui se sentaient soutenus par un ordre puissant, défendaient hardiment leurs droits contre les évêques d'Avranches, avec lesquels ils eurent de fréquents démêlés.

L'administration des prieurs ne fut point un obstacle à la nomination des abbés par le roi.

Ces créatures de la faveur ne demandaient à une place enviée et privilégiée que l'honneur et le profit. On laissait aux prieurs et aux moines le labeur et la peine. Le marquis d'Effiat, ce fameux Cinq-Mars, à qui Louis XIII n'avait, paraît-il, rien à refuser, — que la vie, quand son ministre la voulait prendre, — obtint cette riche commendature pour son frère, Jean d'Effiat, alors âgé de huit ans. On alla plus loin encore dans cette voie périlleuse et mauvaise. En 1703, un roi de France, — le grand roi, — donna le titre d'abbé du Mont-Saint-Michel à un Allemand, Jean-Frédéric Karq, baron de Bebemburg, conseiller de l'évêque de Bamberg et chancelier de l'électeur de Cologne. Un étranger tint entre ses mains les clefs de la forteresse invaincue que les Anglais n'avaient pas su prendre.

Maurice de Broglie fut le quarante-cinquième et dernier abbé du Mont-Saint-Michel. Il en reçut la commende en 1721 de Louis XV, dit le Bien-Aimé. Déjà titulaire de plusieurs abbayes, il imita l'exemple des derniers grands seigneurs à qui on avait remis avant lui la crosse et la mitre; il délégua tous ses droits au prieur, et ne cessa, pendant la durée de sa commendature, de batailler avec ses moines, dont il s'efforçait, par tous les moyens en son pouvoir, de rogner encore la maigre prébende.

L'abbé de Broglie retirait de son bénéfice 18 000 livres de rente. Il en restait 19 000 pour les religieux. Sur cette somme, il fallait prélever 2331 livres de charges obligatoires. Le reliquat devait faire vivre vingt-quatre moines. Et c'est sur la part déjà si réduite de ces pauvres pères que les riches abbés s'efforçaient encore d'opérer des prélèvements injustes !

Couvent depuis saint Aubert, monastère depuis Maynard, forteresse depuis nos guerres sanglantes avec l'Angleterre, le Mont-Saint-Michel, sous l'ancienne monarchie, fut aussi une prison d'État. C'était la Bastille normande. On y envoyait surtout les détenus politiques : François Ier, dit le Père des lettres, y fit enfermer le syndic de la Sorbonne, Noël Bida, qui s'était permis de le censurer; Louis XIV y fit occuper la cage où Louis XI avait mis le cardinal de la Balue, par Dubourg, le gazetier de Francfort, qui l'avait injurié; et sous Louis XV, un écrivain, du nom de Desroches, y vint expier le crime d'avoir dit dans un libelle, en parlant de la cour :

> Tout est vil en ces lieux, ministres et maîtresses !

Célèbre pour sa sainteté et pour les miracles dont il avait été, assurent les chroniques, plus d'une fois le témoin, le Mont-Saint-Michel, pendant tout le moyen âge, fut un des lieux de pèlerinage les plus fréquentés.

On y venait non seulement de tous les points de la France, mais encore d'Angleterre, d'Allemagne et d'Italie. En 1659, le monarque anglais s'y présenta avec six de ses gentilshommes. Le dernier roi de France qui vint y chercher la coquille de pèlerin fut Charles IX, de cette tragique maison de Valois qui devait finir dans la honte et dans le sang.

A partir de ce moment, les grands de ce monde oublièrent la route de la montagne sainte, et l'auteur d'un *Voyage en France* put écrire avec vérité dans le courant du dix-huitième siècle :

« Le Mont-Saint-Michel est un lieu fameux de pèlerinage... pour les jeunes gens de basse naissance, qui s'y rendent par troupes pendant l'été. »

Le Mont-Saint-Michel subissait ainsi toutes les décadences à la fois. La Révolution, qui renversa tant de choses dans notre pays, n'eut pas grand effort à faire pour compléter cette ruine, depuis si longtemps commencée. Elle ouvrit d'abord les portes de la prison, qu'elle-même un peu plus tard devait remplir de nouveau.

Dans ce premier moment d'expansion générale et sans arrière-pensée, les moines s'associèrent sans réserve aux nobles espérances qui gonflaient le cœur de la nation tout entière. Eux aussi saluèrent l'aurore de ce qui leur parut un grand jour : à la suite d'une délibération canonique et parfaitement en règle, ils offrirent à la patrie besoigneuse toutes les richesses de leur trésor, près de cent soixante marcs d'orfèvrerie du plus fin travail !

Mais une prompte réaction suivit de trop près ce premier élan, et il fallut de vives instances pour obtenir des religieux la réalisation d'une promesse faite un peu témérairement. En apprenant la suppression des ordres monastiques, les pères dépouillèrent eux-mêmes leur église et dévastèrent leurs propres domaines, tandis que les hommes de Saint-Michel mettaient une sauvage ardeur à détruire les titres de leur vasselage et de leurs redevances, et que les habitants des côtes voisines, se ruant sur le Mont comme sur une proie, livraient le chartrier au pillage et anéantissaient des parchemins maudits, qui n'étaient à leurs yeux que des instruments de tyrannie.

Cependant la Révolution poursuivait son cours : le Mont-Saint-Michel s'appela le Mont Libre ; mais il n'avait jamais renfermé plus de prisonniers. Les cachots regorgeaient de prêtres ; on en a compté jusqu'à trois cents à la fois sous les verrous, vieux et infirmes pour la plupart, arrivés au bord de la tombe, et incapables de subir sans danger de mort les rigueurs de la transportation à laquelle on condamnait leurs confrères.

C'est ainsi que, par suite de cette réaction qui semble être la loi terrible de la vie des peuples, d'autres excès punirent les fautes du clergé et des ordres monastiques, sur ceux-là peut-être qui en avaient été déjà les victimes, et qui certainement ne les avaient pas commises.

On sait comment la Révolution abdiqua au profit du

despotisme. Ces choses-là se sont vues plus d'une fois. Napoléon eut plus besoin de prisons que de couvents. Il établit, en 1811, une maison de réclusion au Mont-Saint-Michel, et, peu soucieux des beautés architecturales du cloître, il en masqua les nobles lignes par des métiers vulgaires et prosaïques.

Remplaçant les lettres de cachet par sa volonté irresponsable, toute-puissante et sans contrôle, il jeta dans cette prison les officiers dont il était mécontent, des prisonniers de guerre dont la parole ne lui suffisait point, et, pendant la tempête des Cent-Jours, des chefs royalistes fidèles à leur drapeau retrouvé.

Sous la Restauration, en 1818, la maison de réclusion fut convertie en maison centrale de détention, où les prisonniers d'État furent enfermés comme les condamnés ordinaires, mais dans des quartiers séparés. C'est là que furent écroués Babeuf, pour délit de presse; pour rupture de ban, Le Carpentier, ce dictateur qui, sous la Convention, avait terrorisé la Manche; Mathurin Bruneau, qui voulut se faire passer pour Louis XVII, et que Béranger cloua au pilori de ses chansons.

La dynastie de Juillet remplit à son tour les cabanons du Mont-Saint-Michel des chefs trop ardents des partis qui la combattaient, — légitimistes ou républicains. Est-il besoin de citer les noms de Prosper de la Houssaye, de Martin Bernard, de Jeanne, de Mathieu, de Colombat, de Barbès et de Blanqui?

Cette profanation affligeante ne dura que trop longtemps. Notre première jeunesse a pu voir la dégradation persévérante d'une de nos plus nobles abbayes, et ses édifices, si grands par le souvenir, si remarquables par leur beauté, rongés et avilis par cette lèpre sociale, le vice et le crime aux prises avec la répression que les châtie et les contient. La basilique était alors un réfectoire ; le cloître un préau, où des condamnés maudissaient leurs fers, méditaient la revanche et rêvaient l'évasion ; la salle des Chevaliers, un atelier de tissanderie ; et les Montgommeries, coupées en deux étages, un dortoir où les assassins entrevoyaient l'échafaud dans leurs songes.

Les populations voisines, se rappelant une ancienne légende, se disaient que sans doute le glorieux archange, vaincu ou découragé, avait abandonné son monastère à son ancien ennemi, Satan, le génie du mal.

Mais voilà que les temps d'épreuves sont accomplis. Une ère meilleure recommence pour l'oratoire d'Aubert, pour l'abbaye de Maynard, de Robert de Torigny et de Raoul de Villedieu ; et, comme dit le poète,

Magnus ab integro seclorum nascitur ordo !

Un décret de 1863 enleva au Mont-Saint-Michel la destination sinistre qu'il avait depuis bientôt quatre-vingts ans, et qui attristait les consciences chrétiennes, tout aussi bien que les imaginations poétiques. Aujourd'hui il appartient à l'évêché de Coutances, moyennant une redevance modique, qui ne semble exigée par l'État que comme reconnaissance de son droit de propriété et de souveraineté. L'administration ecclésiastique hésita d'abord sur le parti qu'elle en pourrait tirer. On eut la pensée d'en faire un couvent comme autrefois. La robe des moines va bien à ces longs cloîtres et à ces vastes salles. Mais on craignit de rappeler les souvenirs mauvais du passé, et l'on se contenta de confier la garde de l'antique abbaye à douze prêtres de la congrégation de Pontigny, du diocèse de Sens, portant la simple soutane noire du clergé séculier, qui s'acquittent de tous les devoirs du culte dans la basilique restaurée, servent de guides aux visiteurs attirés par la sainteté ou la curiosité du lieu, et fournissent des prédicateurs et des missionnaires à toutes les paroisses relevant du siège épiscopal de Coutances et d'Avranches. On vient d'y créer un orphelinat de jeunes garçons et des ateliers de photographie, reproduisant les diverses vues du monument. Il y a aussi au Mont-Saint-Michel un atelier de peinture sur verre. La peinture sur verre est, comme on sait, la peinture religieuse par excellence. Les vitraux semblent faits surtout pour les églises.

Il y a là, comme on le voit, des indices certains d'un avenir meilleur. Ce sont d'heureux changements, en effet, ceux dont nous venons d'écrire l'histoire. Mais on veut faire plus encore : on veut rendre à la noble abbaye son ancienne et incomparable splendeur. Les travaux de restauration entrepris sur une grande échelle se poursuivent avec une louable activité. Les pèlerins qui viennent prier devant l'autel du glorieux archange, plus fervents et plus nombreux qu'autrefois, pourront en hâter l'achèvement par leurs dons généreux. Puisse notre génération revoir, comme nos pères l'ont vu jadis, dans sa splendeur et sa beauté, un des plus nobles monuments que l'art religieux ait jamais élevés sur notre terre de France !

FIN

TABLE DES MATIÈRES

Le chien du capitaine... 1
Trop curieux.. 120
Les roses du docteur... 171
Le Mont-Saint-Michel.. 231

FIN DE LA TABLE DES MATIÈRES.

PARIS. — IMPRIMERIE ÉMILE MARTINET, RUE MIGNON, 2

Librairie HACHETTE et Cie 79, Boulevard Saint-Germain, à PARIS

TABLEAU DE LA NATURE

PAR

LOUIS FIGUIER

OUVRAGE ILLUSTRÉ, A L'USAGE DE LA JEUNESSE
ET DES GENS DU MONDE

10 VOLUMES GRAND IN-8, ACCOMPAGNÉS DE 3,438 FIGURES

Prix, broché : 100 francs

Chaque volume se vend, séparément, 10 francs.

———◦———

Les dix volumes que M. Louis Figuier a publiés sous le titre de *Tableau de la nature*, forment une véritable encyclopédie pittoresque d'histoire naturelle, qui s'étend depuis l'exposé de la constitution du globe terrestre, jusqu'à la description des êtres organisés qui vivent à sa surface ou dans la profondeur des mers.

Pour intéresser plus sûrement le public, l'auteur s'est adressé aux yeux. Cartes, plans, figures sans nombre, tableaux d'ensemble, il n'a rien négligé pour éveiller la curiosité, mettant largement à profit le talent des plus habiles artistes. Le texte reçoit de cette profusion de dessins une vive lumière et se fait lire avec un grand charme.

Le volume qui ouvre cette série d'ouvrages, a pour titre *la Terre avant le déluge*. C'est un traité familier de géologie et de géographie antédiluviennes. *La Terre avant le déluge* a tout l'intérêt que comporte un tel sujet. L'auteur expose les phases successives que notre globe a traversées pour arriver à son état présent. Il fait passer sous nos yeux le spectacle saisissant de tous les êtres, animaux et plantes, qui se sont succédé sur la terre depuis son origine, et il décrit les différents étages de terrains qui composent l'intérieur de notre globe, ainsi que les principaux êtres fossiles qui caractérisent chacun de ces terrains. L'immense popularité dont jouit *la Terre avant le déluge*, en France et à l'étranger dit assez à quel besoin général répondait cet ouvrage.

Le deuxième volume du *Tableau de la nature* a pour titre *la Terre et les Mers, ou Description physique du globe*. Ici, l'on parcourt la terre actuelle, et on l'étudie sous ses principaux aspects. C'est une géographie physique, qui, par l'attrait du style et la variété des descriptions, est aussi intéressante qu'un roman. La forme générale et les dimensions du globe terrestre, sa situation dans l'espace, les théories qui ont servi à expliquer son origine, la hauteur des principales montagnes et leur distribution sur le globe ; la température et les climats terrestres ; les volcans les plus remarquables et les tremblements de terre ; les glaciers et les régions des neiges éternelles ; les grands cours d'eau, tels que les fleuves et les rivières ; les lacs les plus importants ; enfin les mers, leur configuration, leur profondeur, leur température, leurs courants et leurs marées ; les mers polaires, avec leurs déserts de glaces, séjour du silence et de la mort, les voyages récents aux pôles arctique et antarctique : tels sont les principaux points que l'auteur traite successivement, qu'il explique et qu'il discute, en s'entourant de tous les témoignages qu'ont pu lui fournir la tradition, l'histoire et la science moderne.

Après avoir considéré, dans ces deux volumes, la terre, pour ainsi dire nue, M. Louis Figuier, dans le volume suivant, étudie l'épanouissement à sa surface de la vie végétale.

L'*Histoire des plantes*, accompagnée de figures dessinées d'après nature qui ont obtenu, par leur exactitude scientifique et leurs qualités artistiques, toute l'approbation des hommes spéciaux, forme le traité de botanique élémentaire le plus lucide et le plus exact que l'on puisse mettre entre les mains de la jeunesse et des gens du monde. *Organographie* et *physiologie* des plantes, — *Classification des plantes*, — *Familles naturelles*, telles sont les trois grandes divisions de l'ouvrage, que complète une quatrième partie, du plus haut intérêt, *Géographie végétale*, ou *Distribution des végétaux sur le globe*. Ce cadre embrasse tout le cercle d'études qui composent la science des végétaux.

L'*Histoire des plantes* est donc un traité complet de botanique, très méthodiquement divisé. L'étude des organes considérés dans leurs éléments et dans leurs fonctions, l'exposé des systèmes de classification, la distribution des végétaux à la surface de la terre, tout s'y trouve et dans une mesure suffisante. Les familles

— 3 —

LA VANILLE DANS LES SERRES DU JARDIN DES PLANTES DE PARIS
(*Histoire des Plantes*).
SPÉCIMEN DES GRAVURES DU *TABLEAU DE LA NATURE*

principales y sont caractérisées avec soin. Les cryptogames, dont le mode de reproduction est aujourd'hui presque entièrement dévoilé, y sont traités avec un soin particulier.

Les Zoophytes et les Mollusques commencent la description du règne animal. On reconnaît, en lisant ce volume, que les organismes inférieurs sont aussi richement dotés que les organismes supérieurs, et que peut-être même ils l'emportent en complication de structure sur les grands animaux. Les Protozoaires et les Polypes occupent une place notable dans cet ouvrage. Les Mollusques font à eux seuls la moitié du volume, et tout ce qui est relatif à leur histoire, encore obscure en quelques points, est fidèlement rapporté.

Le volume sur les *Insectes* est fort complet. Une intéressante introduction expose rapidement les traits principaux de l'organisation de ces singuliers animaux, parmi lesquels il en est qui l'emportent en instinct sur les vertébrés. Leur histoire est pleine de merveilles; mais leur rôle, à l'égard de l'homme, est plutôt nuisible qu'utile. Nous avons dans les insectes des ennemis redoutables, et il est permis de dire qu'un simple diptère, un moucheron, porte infiniment plus de préjudice à l'homme que les lions et les tigres. Les insectes agissent par leur nombre, et rendent, dans certains pays, la vie misérable ou même impossible. La mouche domestique, que l'on trouve dans toutes les parties de la terre, n'est qu'incommode; mais la pyrale de la vigne, le charançon, l'alucite, les hannetons et les larves, les sauterelles, le funeste *phylloxéra* et bien d'autres encore, causent à nos cultures d'immenses dommages. Pour pardonner aux insectes le mal qu'ils nous font, il faut songer au miel, à la cire, à la soie, à la cochenille, et chercher dans le livre dont nous parlons une foule de faits singuliers, racontés d'une manière intéressante et originale.

Le volume suivant est consacré aux *Animaux articulés*, aux *Poissons* et aux *Reptiles*.

A l'exemple de tous les naturalistes, l'auteur divise les poissons en *cartilagineux* et en *osseux*. Les premiers renferment les *poissons suceurs* : murènes, torpilles, esturgeons, squales, en tête desquels se place le requin, la plus terrible et la mieux armée de toutes les créatures vivantes. Les seconds, trop nombreux pour être énumérés ici, réunissent des espèces de toutes formes et de toutes tailles, et parmi elles quelques espèces électriques.

LES MALHEURS D'UN PÊCHEUR D'ANGUILLES
(*Les Poissons*).
SPÉCIMEN DES GRAVURES DU *TABLEAU DE LA NATURE*

Les *Batraciens* et les *Reptiles* occupent une large place dans ce volume du *Tableau de la nature*. Ces animaux sont un objet de crainte et même d'horreur. Sauf les chéloniens (tortues), et pour certains pays les sauriens ou lézards, auxquels il faut peut-être ajouter la grenouille, les reptiles ne jouent aucun rôle important ni dans l'alimentation publique, ni dans les arts; mais il importe de connaître leur organisation et leurs mœurs.

Les *Oiseaux* ont été étudiés et décrits par M. Louis Figuier dans un volume spécial, avec une sorte de prédilection, et on le comprend. Qui n'aimerait ces charmantes créatures, si richement vêtues, si agiles, si gracieuses, douées de sentiments si affectueux pour leur race? Ce sont les oiseaux qui donnent à nos champs et à nos bois le mouvement et la vie. Nos villes mêmes semblent se réjouir de la venue des hirondelles. Les monuments des grandes cités sur le haut desquels nichent les cigognes, prennent un aspect pittoresque, et l'œil se plaît à suivre ces oiseaux dans leur vol.

Les oiseaux réunissent pour nous l'utile à l'agréable. Nous n'avons parmi eux aucun ennemi; aussi est-ce toujours avec plaisir qu'on en parle, et ce plaisir M. Louis Figuier l'a goûté dans les pages charmantes qu'il consacre à cette classe d'animaux.

M. Louis Figuier termine l'histoire des vertébrés en nous dépeignant, dans un autre volume, les *Mammifères*, c'est-à-dire la classe la plus intéressante, et pour nous la plus utile, des êtres de toute la série zoologique.

Les mœurs des *Mammifères* sont traitées avec un grand développement. Les digressions sur l'intelligence de ces animaux, sur leur appropriation à nos besoins, à notre industrie, à notre alimentation, abondent dans ce volume. La partie anecdotique paraît avoir particulièrement occupé l'auteur dans son histoire des *Mammifères*, ce qui l'a amené à écrire des pages pleines d'intérêt.

Poursuivant la série de ses descriptions de la nature, M. Figuier étudie l'homme fossile, dans un volume ayant pour titre *l'Homme primitif*. Dans cet ouvrage sont résumés, avec une clarté remarquable, les résultats de la plupart des travaux scientifiques par lesquels les naturalistes modernes ont réussi à découvrir les mœurs et coutumes de l'homme qui a vécu antérieurement aux temps historiques. Pour bien préciser les faits, l'auteur retrace, au moyen de nombreux dessins intercalés dans le texte, presque tous les instruments, outils, armes, vêtements, etc., qui ont été reconnus propres à l'homme pendant l'*âge de pierre* et l'*âge des métaux*. Il donne également des spécimens du type du crâne de l'homme pendant ces mêmes époques antéhistoriques. M. Louis Figuier a rassemblé, dans ce livre, une quantité immense de documents et de matériaux, et donné l'exposition la plus claire et la plus instructive de tout ce qui concerne l'homme antédiluvien.

Le dernier volume du *Tableau de la nature*, qui a pour titre *les Races humaines*, est consacré à la description de tous les types de notre espèce. Cet ouvrage est un de ceux qui ont excité le plus de curiosité et d'intérêt parmi toutes les publications même auteur. Rien n'est, en effet, plus instructif que ce voyage que l'auteur entreprend, dans tous les coins du globe habité, initiant le lecteur aux mœurs, coutumes et usages des peuples les plus divers.

M. Louis Figuier distingue cinq races humaines : les races blanche, jaune, brune, noire et rouge. Sous ces cinq divisions, il décrit l'humanité tout entière. Le dessin vient à chaque instant en aide au récit; de sorte que ce traité sur les races humaines est, en même temps, un album de voyages.

Ainsi se justifie le titre de *Tableau de la nature* donné à cette collection, qui embrasse tous les règnes de la nature, sans oublier l'homme, qui est, comme le nous disions en commençant, une véritable encyclopédie pittoresque des sciences naturelles, et qui présente à la jeunesse les plus attrayantes lectures, empruntées, non aux vaines fictions des contes ou des histoires imaginaires, mais aux utiles leçons de la science et de la vérité.

La connaissance des faits relatifs à l'histoire naturelle, aux animaux, aux plantes, aux phénomènes géologiques, etc., est aujourd'hui indispensable à chacun, quelle que soit sa profession, quel que soit son genre d'études. Le *Tableau de la nature* de M. Louis Figuier est le meilleur ouvrage que l'on puisse désirer pour s'initier à ce genre de connaissances. C'est donc un livre qu'il faut avoir sous la main, et qui doit figurer dans toutes les bibliothèques.

TABLEAU DE LA NATURE
PAR LOUIS FIGUIER
10 VOLUMES GRAND IN-8, ACCOMPAGNÉS DE 3,438 FIGURES

I. **La Terre avant le déluge.** 8e édition (1879). 1 volume, contenant 25 vues idéales de paysages de l'ancien monde, 345 autres figures et 8 cartes géologiques coloriées.

II. **La Terre et les Mers**, ou *Description physique du globe*. 5e édition (1874). 1 volume, contenant 206 figures dessinées par Karl Girardet, Lebreton, etc., et 19 cartes de géographie physique.

III. **Histoire des plantes.** 2e édition (1874). 1 volume, illustré de 416 figures, dessinées par Faguet.

IV. **Les Zoophytes et les Mollusques.** 1 volume, illustré de 385 figures dessinées d'après les plus beaux échantillons du Muséum d'histoire naturelle.

V. **Les Insectes.** 3e édition (1875). 1 volume, illustré de 594 figures, dessinées par Mesnel, Blanchard et Delahaye, et de 24 grandes compositions.

VI. **Les Animaux articulés, les Poissons et les Reptiles.** 3e édition (1876). 1 volume, accompagné de 222 figures.

VII. **Les Oiseaux.** 3e édition (1876). 1 volume, illustré de 322 figures dessinées par A. Mesnel, Bévallet, etc.

VIII. **Les Mammifères.** 3e édition (1879). 1 volume, illustré de 335 figures dessinées par Mesnel, de Penne, Lalaisse, Bocourt, Bayard et de Neuvil.

IX. **L'Homme primitif.** 4e édition (1876). 1 volume, contenant 256 figures représentant les objets usuels des premiers âges de l'humanité, et 40 scènes de la vie de l'homme primitif, dessinées par E. Bayard.

X. **Les Races humaines.** 3e édition (1875). 1 volume, illustré de 268 figures dessinées sur bois et de 8 chromolithographies représentant les principaux types des familles humaines.

LAC DE JOANNINA, EN GRÈCE
(*La Terre et les Mers*).
SPÉCIMEN DES GRAVURES DU *TABLEAU DE LA NATURE*

www.ingramcontent.com/pod-product-compliance
Lightning Source LLC
Chambersburg PA
CBHW070631160426
43194CB00009B/1433